Wilfried und Lisa Bahnmüller

Erlebnis-Radtouren im Münchner Voralpenland

Mit dem E-Bike zu den schönsten Aussichtspunkten, kulturellen Highlights und an idyllischen Flüssen entlang

J. BERG

Inhalt

FESTSPIELHAUS
8 Der Klassiker: Um den Forggensee

14 An der Loisach entlang

22 Westlich von Rosenheim entlang der Glonn

13 Huberkapelle im Klosterland

Tourenüberblick

Tour													
1	●	Zwischen Karlsfeld und Gröbenzell	31 km	50 Hm	2.45 Std.	•	•		•	•	•	•
2	●	Zwischen Starnberger See und Ammersee	49 km	450 Hm	4.00 Std.	•	•		•	•	•	•
3	●	Von Tutzing nach Weilheim	58 km	450 Hm	4.30 Std.	•	•		•	•		•
4	●	Um den Ammersee	49 km	250 Hm	4.00 Std.	•	•		•	•	•	•
5	●	Von Weilheim nach Wessobrunn	39 km	200 Hm	3.15 Std.	•	•	•			•	
6	●	Von Hohenpeißenberg nach Schongau	48 km	575 Hm	4.00 Std.	•	•		•		•	•
7	●	Altenstadt, Auerberg und Lechwege	52 km	700 Hm	4.30 Std.	•	•		•	•	•	•
8	●	Um den Forggensee	34 km	300 Hm	3.30 Std.	•	•	•		•	•	•
9	●	Von Kohlgrub zur Wieskirche	50 km	450 Hm	4.00 Std.	•	•		•	•	•	•
10	●	Große Staffelseerunde	42 km	600 Hm	4.00 Std.	•	•		•	•	•	•
11	●	Von Sindelsdorf zum Riegsee	40 km	450 Hm	4.00 Std.	•	•		•	•	•	•
12	●	Von Wolfratshausen nach Beuerberg	59 km	430 Hm	4.30 Std.	•	•		•	•	•	•
13	●	Benediktbeuern, Bad Heilbrunn und Penzberg	39 km	330 Hm	3.30 Std.	•	•	•		•	•	•
14	●	Von Ohlstadt nach Garmisch-Partenkirchen	49 km	220 Hm	3.45 Std.	•	•	•			•	
15	●	Um den Mittenwalder Kranzberg	30 km	350 Hm	3.00 Std.	•	•	•		•	•	•
16	●	Durch den Isarwinkel in die Jachenau	42 km	500 Hm	4.00 Std.	•	•		•	•	•	•
17	●	Tegernsee, Spitzingsee und Schliersee	50 km	1150 Hm	4.30 Std.	•	•		•	•	•	•
18	●	Rund um den Pölven	50 km	450 Hm	4.00 Std.	•	•	•			•	•
19	●	Deisenhofen und sein Gleißental	42 km	400 Hm	4.00 Std.	•	•		•	•	•	
20	●	Von Otterfing nach Wolfratshausen	42 km	400 Hm	3.45 Std.	•	•		•	•	•	•
21	●	Von Holzkirchen um den Taubenberg	36 km	350 Hm	3.30 Std.	•	•		•		•	•
22	●	Westerham, Glonn und Weihenlinden	50 km	450 Hm	4.00 Std.	•	•	•			•	
23	●	Von Grafing nach Tuntenhausen	44 km	300 Hm	3.30 Std.	•	•	•			•	•
24	●	Von Haag nach Schwindegg	35 km	450 Hm	3.45 Std.	•	•	•			•	•
25	●	Von Rosenheim nach Wasserburg	66 km	450 Hm	5.00 Std.	•	•	•		•	•	•

Vorwort

Eine Laune der Natur formte eine der schönsten Landschaften Oberbayerns. Ohne die letzte Eiszeit wären niemals so traumhafte und abwechslungsreiche Hügel entstanden, die man überall im Bayerischen Voralpenland findet.

Die Berge und einige Täler gab es bereits vor dem eisigen Zeitalter. Aber alles wurde durch die gewaltigen Eismengen neugestaltet. Mit ungeheurer Wucht und Kraft wurde das Land zusammengepresst. Das Eis schob Gesteinsmassen vor sich her und trieb es weit in das Voralpenland hinein. Und kaum begann das Eis zu schmelzen, veränderte sich noch einmal alles. Übrig blieben Moränenhügel, genauso wie jede Menge Seen und neue Flusstäler. Eine Landschaft, ähnlich wie wir sie heute noch vorfinden. Ein echtes Paradies, stets dekoriert mit den bayerischen Alpen am Horizont. Für die Erkundung ist das Fahrrad eine hervorragende Fortbewegungsmöglichkeit. Vor allem das E-Bike, denn durch die vielen Hügel und damit durch das ständige Auf und Ab ist diese Region ohne Trethilfe eine sportliche Herausforderung. Der Akku vergrößert unseren Radius, die Höhenmeter lassen sich kinderleicht bewältigen. So wird die Radtour durch das hügelige Voralpenland ein reines Vergnügen.

In Garmisch-Partenkirchen gibt es noch ruhige und beschauliche Ecken.

Unsere Tourenauswahl ist nach sehr persönlichen Vorlieben entstanden, aber eine Voraussetzung hatten wir für jede der Touren: Alle führen durch eine herausragende und einmalige Landschaft. Es spielen sowohl Seen, Flüsse, Blumenwiesen, Aussichten, alte Baumbestände oder interessante, geologische Begebenheiten eine wichtige Rolle, ebenso wie die Kombination von Kunst und Kultur in Stadt und Land. Es sind Radtouren, bei denen der Spaß und der Genuss niemals zu kurz kommen. Badegelegenheiten, Tipps für Stopps am Wegesrand mit Besichtigungsmöglichkeiten sowie Wirtshaus- und Biergartenempfehlungen runden das Ganze ab.

Lassen Sie sich inspirieren, und machen Sie sich auf, diese einzigartige Landschaft zwischen Lech und Inn zu entdecken.

Wir wünschen Ihnen viel Spaß
Lisa und Wilfried Bahnmüller

Wolfratshausen an der Loisach

Praktische Informationen

Alle in diesem Buch beschriebenen Radtouren sind Rundtouren, mit Ausnahme von Tour 20. Alle Strecken haben wir nach unseren Empfindungen in die Rubriken »leicht–mittel–schwer« unterteilt. Selbstverständlich kann das jeder Radfahrer anders einschätzen. Der Leistungsbogen der Touren ist, was Länge, Höhenmeter und somit Kondition betrifft, sehr breit gespannt. Anfänger sollten sich mit zwei, drei leichteren Touren an die »Freiheit auf zwei Rädern« herantasten. Dazu gibt es viele Tipps auf der Website des Allgemeinen Deutschen Fahrradclubs (www.adfc.de).

Fahrzeiten, Höhenangaben, Tourencharakter

Wir haben uns sehr um die exakte Längenangabe der Touren bemüht. Für die Zeitangaben gehen wir von einer Durchschnittsgeschwindigkeit von ca. 10 km/h aus. Manche der Touren lassen sich abkürzen, aber fast alle nutzen verkehrsarme Nebenstraßen. Die wenigsten führen überwiegend auf geteerten Straßen, denn wir bevorzugen einsame Feld- und Forstwege. Da kann der Untergrund schon einmal holprig sein und nach Regen gibt es auch mal Schlaglöcher und Pfützen. Gerade bei Auf- und Abfahrten ist dabei Vorsicht geboten. Kritische Stellen haben wir jedoch im Text und im Tourencharakter erwähnt. Bitte planen Sie genügend Zeit für Pausen, Einkehr- oder Besichtigungsstopps ein, denn diese wurden von uns nicht berücksichtigt. Öffnungszeiten von Sehenswürdigkeiten oder Ruhetage von Gaststätten, genau wie Pächter oder Küchen, können sich verändern. Aktuelle Angaben können Sie schnell im Internet recherchieren.

Rad- und Wanderkarten

Die Karten im Buch zusammen mit der Wegbeschreibung im Text reichen aus, den Weg zu finden. Wer die Tour verlängern oder abkürzen will, sollte zur Orientierung eine zusätzliche Rad- bzw. Wanderkarte mitnehmen. Wir haben sehr gute Erfahrungen mit den Kompass-Karten (Blatt 3337 Münchens Süden, Alpenvorland; Blatt 3350 Füssen/Garmisch-Partenkirchen) gemacht, die fast überall erhältlich sind. Außerdem sind die GPX Tracks zum Download unter gps.bruckmann hinterlegt.

Einkehr/Verpflegung

So gut wie überall gibt es Einkehrmöglichkeiten. Wir haben bei jeder Tour, wenn möglich, einen Tipp angegeben. Durchgehend warme Küche gibt es auf dem Land nicht immer, da manche Gaststätten sogar erst am Abend öffnen. Deswegen nehmen wir grundsätzlich reichlich zu trinken mit (Minimum ein Liter pro Person) und packen zumindest einen Apfel, Durchhaltekekse oder einen Müsliriegel ein. Oftmals ist das mitgebrachte Picknick oder die eigene Brotzeit am schönsten.

Zeit für Pausen, Besichtigungen und den Einkehrstopp, wie im Maxlrainer Biergarten, sollte man sich nehmen, sie sind aber in den Zeitangaben der Touren nicht berücksichtigt.

E-Bike oder Pedelec

Wir sind die Strecken mit robusten Elektrofahrrädern gefahren. Ungeeignet wären Rennräder oder Klappräder. Wir schreiben grundsätzlich von E-Bikes, meinen damit aber eigentlich die Pedelecs. Das hat sich aber nicht nur in unserem Sprachgebrauch mehr verankert. Die meisten Radfahrer, die mit Motorunterstützung fahren, sagen, sie benutzen ein E-Bike. Der offizielle Unterschied: Bei einem Pedelec muss man treten, ein E-Bike dagegen ist ein reines Elektrofahrrad, das eigentlich wie ein Mofa funktioniert und für das man auch einen Mofaführerschein bräuchte. Also wenn wir E-Bike sagen, meinen wir Pedelec, denn wir wollen treten! Wir sind die Strecken mit einem E-Bike-Tourenrad und einem E-Bike-Trekkingrad gefahren. Einige unserer Begleiter hatten auch ein E-Mountain-Bike. Unsere Bosch-Akkus hatten zwischen 400 und 600 Watt Leistung. Die Touren sind in ihrer Länge so übersichtlich, dass sie eigentlich mit einem vollgeladenen Akku zu bewältigen sind. Doch das hängt natürlich stark vom individuellen Fahrverhalten ab.

Sonstige Ausrüstung

Die Bekleidung ist natürlich von der Jahreszeit und vom Wetter abhängig. Wichtig ist eine gut gepolsterte Radhose. Sie schützt unseren Allerwertesten und ist dabei elastisch genug, um jede Bewegung mitzumachen. Gleichzeitig ist sie eng genug, damit sich die Hosenbeine nicht in der Kette verheddern. Wer sich in einer solchen Hose unwohl fühlt, kann auch eine gepolsterte Fahrradunterhose tragen. Sehr bewährt hat sich Funktionswäsche für die Oberbekleidung. Sie trocknet leicht und ist atmungsaktiv. Wegen der schattigen Waldwege packen wir auch im Sommer einen Pulli ein. Im Frühjahr und Herbst haben wir gerne sogenannte Windstopper-Jacken dabei. Sie halten den Fahrtwind ab, trotzdem schwitzt man nicht wie unter einer reinen Regenjacke. Letztere erfüllt natürlich ebenfalls ihren Zweck an regnerischen Tagen, von denen wir aber hoffen, dass Sie keinen einzigen erwischen werden. Nehmen Sie im Sommer am besten Badesachen – inklusive einer kleinen Decke oder einem Handtuch als Sitz- bzw. Liegegelegenheit – mit. Ganz praktisch sind Handy, Kamera, Sonnencreme, Brille gegen die Fahrtwindfliegen, Landkarten und Bestimmungsbücher für Flora und Fauna.

Sicherheit

Beim Fahrradfahren gelten ein paar Regeln, die – wenn man sie beachtet – Unfälle vermeiden. Ein Fahrradhelm ist zwar ge-

Power gesucht!

Manchmal passiert es und dann meist sehr schnell! Auf einmal neigt sich die Akkuladung dem Ende zu. Dann macht Radfahren keinen Spaß mehr, denn E-Bikes sind im Verhältnis zu anderen Fahrrädern schwerer. Deshalb raten wir, vorausschauend zu fahren. Wir haben im Tourencharakter immer angegeben, wenn uns in der zweiten Hälfte der Radrunden noch weitere Steigungen bevorstehen. Unser persönlicher Tipp: Zur Hälfte der Tour sollte der Akku noch nicht zur Hälfte leer sein. Wer sich unsicher ist, ob seine Akkuladung reicht, packt auf jeden Fall sein Ladegerät, d. h. Kabel samt Spannungswandler mit ein. Wir haben viele E-Bike-Ladestationen angegeben, aber fast immer muss man sein eigenes Ladegerät dabeihaben, denn die Ladestation ist oft nur eine klassische Steckdose. Unserer Erfahrung nach darf man seinen Akku eigentlich in jedem Café oder Wirtshaus aufladen, wenn man dort einkehrt und vorher höflich danach frägt. Es nennt sich »Lademöglichkeit bei Verzehr«. Wir haben noch nie eine Absage bekommen, selbst wenn wir uns in einer Eisdiele nur einen Eiskaffee genehmigt haben. Leider gibt es aber Radfahrer, die das als Selbstverständlichkeit voraussetzen. Eine freundliche Frage im Vorfeld vermeidet Missverständnisse. Die Ladezeiten muss man ebenfalls berücksichtigen, in einer Stunde ist ein leerer Akku leider noch nicht wieder voll. Eine Alternative kann ein zweiter Akku sein, den man einfach im Rucksack mitnimmt.

setzlich nicht vorgeschrieben, gehört aber zum Pflichtprogramm. Ebenso sollten Sie vor dem Start Ihre Ausrüstung und vor allem die Bremsen prüfen. Ein Erste-Hilfe-Notfalltäschchen sollte neben einem Ersatzschlauch und einer Luftpumpe (ohne Fahrradpumpe nützt das beste Flickzeug nichts!) noch Platz im Rucksack oder in der Fahrradtasche haben.

Unbekanntes Kapellen-Kleinod in Großeichenhausen bei Straßlach

Vor allem im Herbst wird es früh dunkel. Falls Sie ein Fahrrad ohne funktionierende Beleuchtung besitzen, tragen Sie zumindest einen Fahrradhelm mit eingebauten Leuchtdioden oder beenden Sie Ihre Runde rechtzeitig vor Anbruch der Dunkelheit. Bei feuchter Witterung müssen Sie besonders bei steilen Abfahrten mit rutschiger Fahrbahn rechnen. Fahren Sie deshalb abwärts stets überlegt und mit großer Rücksichtnahme – vor allem, wenn es sich um ungeteerte Feldwege handelt. An manchen Stellen sollte man dann aus Sicherheitsgründen lieber schieben. Das gilt übrigens auch für Fußgängerbereiche und für sensible Natur- oder Wildzonen. Wir dürfen keinesfalls abseits der Wege und Pfade oder gar querfeldein radeln. Viele Gebiete befinden sich in Privatbesitz, dort dürfen wir uns nur aufgrund der Toleranz und Duldung der Eigentümer bewegen. Deshalb sollten Weidegatter auch immer wieder geschlossen und Absperrungen akzeptiert werden. Zu Guter Letzt: Zur Sicherheit für Ihre E-Bikes, packen Sie immer ein gutes Fahrradschloss ein. Es wäre schade, wenn man nach Stopps ein böses Erwachen erlebt.

Anfahrt

Alle Ausgangsorte der Touren lassen sich umweltfreundlich mit öffentlichen Verkehrsmitteln erreichen. Bei ganz wenigen Touren verschiebt sich dann der Startplatz geringfügig.

Wallfahrtskirche St. Leonhard
bei Dietramszell

Völlig easy im Münchner Voralpenland

1 Zwischen Karlsfeld und Gröbenzell

Auf Räuber Kneißls Spuren

leicht | 31 km | 50 Hm | 2.45 Std.

Tourencharakter
Gut ausgeschilderte, sehr leichte, da fast völlig ebene Radtour, die überwiegend auf Radwegen, einsamen Nebenstrecken und etwas durch Wohnbaugebiete führt. Gute Bademöglichkeiten im Sommer

Ausgangs-/Endpunkt
Karlsfelder See

GPS
48.235430, 11.471358

E-Ladestation
S-Bahn Haltestelle Lochhausen (nur mit einem kurzen Umweg erreichbar)

Anfahrt
Bahn: Mit der Bahn oder S-Bahn nach Karlsfeld
Pkw: Mit dem Auto von München Richtung Dachau; Parkplätze am Karlsfelder See

Information
www.räuber-kneissl-radweg.de

Vor über 100 Jahren zog Mathias Kneißl, besser bekannt als Räuber Kneißl, durch das Dachauer Land. Auf seinen Spuren erobern wir das westliche Münchner Umland, am besten bepackt mit Picknickkorb und Badesachen.

Einstieg zum Räuberweg Startplatz ist der Karlsfelder See mit seinem großen Erholungsgelände. Wer mit der Bahn anreist, radelt, wie hier im Text am Schluss beschrieben, zunächst zum Karlsfelder See. Für die Autofahrer gilt: Je nachdem, wo man geparkt hat, umrundet man zu Beginn den Badesee, denn am westlichen Ufer geht es wirklich los. Direkt an den Fußballplätzen weist uns ein Schild über die Felder nach Westen, der Waldschwaigsee ist ausgeschildert. An einem Wohnbaugebiet stoßen wir auf die Münchner Straße, der wir nach links zur großen Kreuzung folgen. Spätestens hier stoßen wir auf das Logo des Räuber-Kneißl-Radwegs,

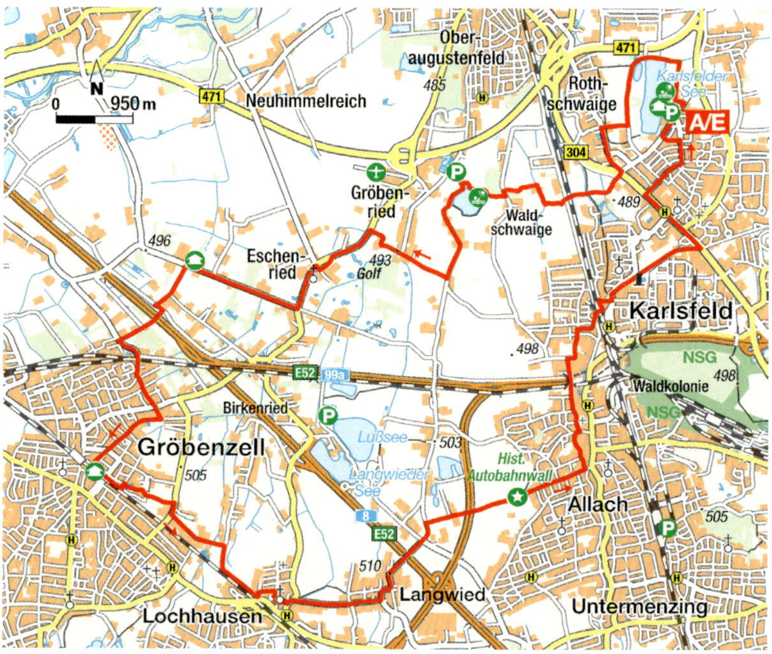

Am Waldschwaigsee lohnt sich eine erste Pause.

die Pickelhaube eines Gendarmen, ein Gewehr und der typische Räuberhut. Dieses Symbol weist uns nun den Weg Richtung Waldschwaigsee. Wir queren an den Ampeln die B304 zur anderen Seite hinüber, zu den großen Supermarktketten des Gewerbegebiets. Ein Radweg führt uns über einen Kreisverkehr weiter zur großen Bahnlinie, die wir unterqueren.

Zweiter Badesee Auf der anderen Seite der Bahn queren wir die Autostraße nach rechts und weiter geht es den Radwegschildern folgend über die Felder. Wir erreichen einen Wald, hier biegen wir kurz links ein, nur um wenige Pedalumdrehungen später rechts abzubiegen. Am Waldrand entlang, erreichen wir den idyllischen Waldschwaigsee, wo wir rechts auf dem Uferweg weiterradeln. Wir freuen uns über die Ausblicke auf das Wasser, die Badebuchten und die kleine Insel im See. An seinem Westufer erreichen wir den ersten Räuber-Kneißl-Rastplatz mit einigen Infoschildern, die neben der Geschichte des Räubers auch viel über die Gemeinde Karlsfeld und ihre Vergangenheit verraten.

Auf der Schnitzeljagd Weiter am Ufer entlang bleiben wir vor der Wasserwacht in südlicher Richtung und nun gleicht unsere Route einer ständigen Schnitzeljagd nach den wegweisenden Symbolen. Rechts und dann links erreichen wir Eschenried mit seinem Golfplatz und den Baumschulen. An der großen Kreuzung bei der Gaststätte Kreuzhof radeln wir rechts in den Kurfürstenweg hinein. Die Straße bringt uns zur Tafernwirtschaft »Zum Haderecker«; wer eine Stärkung braucht, ist hier gut aufgehoben. Gegenüber führt der Radweg weiter. So queren wir die Autobahn, kurz danach geht es links und nach der Bahnunterführung sind wir in der Graßlfinger Straße von Gröbenzell. Zwischen den Häusern dürfen

Einkehrtipps

Unterwegs treffen wir auf einige Wirtshäuser. Besonders lobenswert ist die Gast- und Tafernwirtschaft »Zum Haderecker«, ein uriges Wirtshaus mit deftiger Küche, jeder Menge bayerischer Schmankerl und einem liebevoll dekorierten Gastgarten. Ansonsten lohnt es sich, den Picknickkorb samt Badesachen zu packen, denn spätestens am Ende der Tour hat man sich eine Schwimmrunde nebst feiner Brotzeit verdient. Dafür gibt es am Karlsfelder See aber auch den FIFTY-SEVEN-Seegarten mit großer Terrasse.

wir die Beschilderung nicht aus den Augen verlieren, einmal heißt es links halten und dann immer geradeaus, bis wir den Gröbenbach erreichen. Rechts fahrend sind wir kurz darauf an der nächsten Räuber-Kneißl-Raststation mit schönen Kneippbecken und Informationen zur Gemeinde Gröbenzell.

Durch die Vororte Nach der kurzen Rast folgen wir der Straße, die uns direkt zum S-Bahnhof von Gröbenzell führt. Wer möchte, kann sich hier rechts halten und unter der Bahn hindurchradeln, um der Ortsmitte einen Besuch abzustatten. Ansonsten geht es links und wir folgen dem Radweg entlang der Lärmschutzwand der Bahn. Links-rechts radeln wir durch den Bürgerpark und queren dabei das Gelände des Gymnasiums sowie der Sportplätze. Am Zillerhof biegen wir kurz rechts ein, nur um gleich wieder links in die Fahrradstraße abzubiegen. Jetzt sind wir wieder mitten im Grünen und sind überrascht, wie ländlich das Münchner Umland noch geprägt ist. Bald radeln wir entlang der Gleise nach Lochhausen, im Zickzack geht es in die Ortsmitte und hinter der Kirche links den Berg hinunter. Unten biegen wir links in die Langwiederstraße ein, dann verlassen wir Lochhausen nach rechts auf einem separaten Radweg. Dieser endet im Ortsteil Langwied, wobei wir einfach weiter geradeaus radeln. Dann biegen wir links in den Waidachanger ein, folgen der kurvigen Straße nach Norden und queren erneut die Autobahn.

Grüner Autobahnwall Wieder über Felder halten wir uns dann rechts in den Paul-Ehrlich-Weg, passieren das Kieswerk, und gleich darauf radeln wir über die A99. Auf dem Weg nach Allach passieren wir den auffälligen historischen Autobahnwall, der wie ein Damm aussieht. Er war einst Teil der Trasse der im Dritten Reich geplanten Ringautobahn um München. 1938 wurde mit dem Bau begonnen, aber nur ein Teilstück davon fertiggestellt. Mit Kriegsbeginn endeten die Baumaßnahmen, und nachdem die A99 in den 1990er-Jahren westlich davon gebaut wurde, konnte sich auf der Kies-Trasse mit ihrem Magerboden ein wertvolles Biotop entwickeln. Die artenreichen, zum Teil seltenen Pflanzen locken viele Insekten an. Im weiteren Verlauf bringt uns die Straße an die Würm. Kurz vorher geht es für uns nach links und wir folgen nun der Würm zum Teil mit großem Abstand flussabwärts. Unter der Bahnlinie hindurch, dahinter rechts-links auf der Enterstraße haben wir Allach schon verlassen. Rechts durch das neue Wohnbaugebiet stehen wir wenige Minuten später bereits am Bahnhof von Karlsfeld.

Der Karlsfelder See ist Start- und Endpunkt der Radtour und eignet sich hervorragend zum Baden.

Letzte Etappe Würmkanal Durch die Unterführung geht es auf die Ostseite des Bahnhofs und dort links bis zur Wehrstaudenstraße. Auf ihr radeln wir minimal nach rechts zur Würm, wo sich an der Brücke der Fluss zum Würmkanal hin aufteilt. An der Straßenkreuzung biegen wir links ein, queren dabei den neu geschaffenen Würmkanal und folgen dann gleich rechts dem Radweg leicht abwärts, jetzt mit dem Kanal auf unserer rechten Seite. (Achtung! Das war die einzige Stelle, an der wir das Radwegsymbol nicht gefunden hatten.) Nun gibt der Würmkanal die Richtung vor, am anderen Ufer können wir das einstige Allacher Schloss sehen, das sich heute im Besitz der Firma MAN befindet. Das gesamte Firmengelände befindet sich ebenfalls rechts des Flusses. Auf unserem Radweg fahren wir unter der B304 hindurch, halten uns dann links und folgen der Bundesstraße in Richtung Karlsfeld Ortsmitte. Rechts auf der Gartenstraße und dann links in die Ostenstraße kommen wir zum Ausgangspunkt zurück.

Würmkanal

Der Würmkanal gehört zusammen mit einigen weiteren Kanälen zum Nordmünchner Kanalsystem. Dafür wird Wasser aus der Würm, der Isar und der Amper abgezweigt. Teile des Kanalsystems führen schon auf 1601 zurück, der Würmkanal wurde 1687 errichtet, um Wasser aus der Würm nach Schleißheim zu leiten. Kurfürst Maximilian II. Emanuel benötigte das Wasser für seine großzügige Park- und Gartenanlage zwischen dem Schloss Lustheim und dem Schloss Schleißheim. Für die aufwendigen Wasserspiele war jedoch noch mehr Wasser nötig, das über den Schleißheimer Kanal zugeführt wurde.

2 Zwischen Starnberger See und Ammersee

Highlights zwischen den Hügeln

mittel | 49 km | 450 Hm | 4 Std.

Tourencharakter
Meist auf Rad- oder Wanderwegen und einigen Nebenstraßen verläuft diese hügelige Tour westlich des Starnberger Sees. Es gibt jedoch keine langen schweren Steigungen. Bademöglichkeiten im Maisinger See und Starnberger See. Abkürzung in Tutzing mit der S-Bahn möglich (spart 14 km)

Ausgangs-/Endpunkt
Starnberg, Bahnhof

GPS
47.996363, 11.342734

E-Ladestation
Andechs: Am Aufgang zum Bräustüberl

Anfahrt
Bahn: Mit der Bahn oder S-Bahn nach Starnberg
Pkw: Nach Starnberg am Starnberger See, einige wenige Parkplätze in Bahnhofsnähe

Information
www.starnbergammersee.de

Begeisterung beim Radeln, Genießen und Besichtigen: Diese Radtour führt meist auf einsamen Wegen aussichtsreich durch die herrliche Natur- und Kulturlandschaft westlich des Starnberger Sees. Dabei treffen wir auf Kloster Andechs, Seeuferwege und Bademöglichkeiten.

Durch die Maisinger Schlucht Vom Starnberger Bahnhof wenden wir uns, den See im Rücken, nach links und fahren auf der Bahnhofstraße leicht bergauf über die große Kreuzung in die Söckinger Straße. Dieser folgen wir ein Stück und biegen dann links in die Maisinger-Schlucht-Straße ein. Herrlich beginnt die Radtour durch die Maisinger Schlucht. Wir radeln entlang des Maisinger Bachs über Stege vom einen ans andere Ufer. Der Weg ist auch ein beliebter Wanderpfad, wir müssen immer mit Fußgängern rechnen. Die Schlucht ist natürlich nicht so dramatisch wie eine

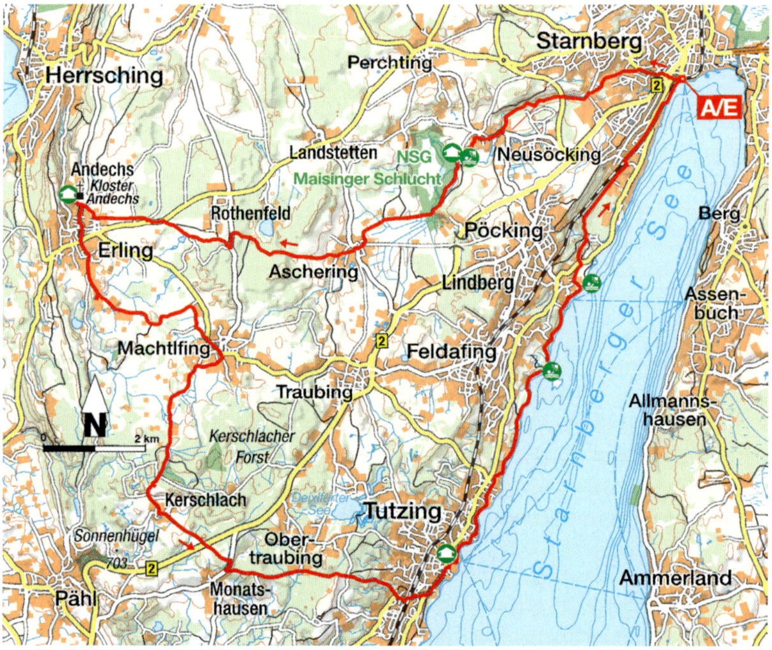

Das Kloster Andechs liegt vor uns, jetzt ist es nur noch ein Katzensprung in den dortigen Biergarten.

Klamm im Gebirge, trotzdem hat sich hier der Bach tief in die Nagelfluhschichten hineingefressen. Die Felsen, die links und rechts anstehen, sehen aus wie grober Beton mit eingelagerten Steinen. Sie entstanden aus den eiszeitlichen Moränenhügeln, die während der letzten Eiszeit durch den Druck des darüberliegenden Eises zu einer Art Fels gepresst wurden. An ihrem Ende erreichen wir Maising.

Heiliger Berg: Andechs Dort radeln wir links zur Dorfstraße und folgen ihr zum Gasthof Ludwig. Ihm gegenüber führt ein schmaler Weg direkt über die Felder zum Maisinger See und dem Biergarten Maisinger Seehof. Wir fahren mit mehr oder weniger Abstand am Ostufer des Sees entlang und kommen dann über die Felder nach Aschering. An der Kirche finden wir einen Wegweiser Richtung Andechs. Jetzt geht es einen Moränenhügel aufwärts in den Wald, ein Kinderspiel dank unseres Akkus. Wir bleiben immer auf dem deutlich erkennbaren Hauptweg und treffen schließlich auf die Fahrstraße nach Machtlfing. Auf ihr geht es etwa 150 Meter nach links, dann zweigt rechts ein Weg ab, der uns an der Justizvollzugsanstalt Rothenfeld vorbei über die Felder zur großen Autostraße Starnberg–Andechs führt. Wir biegen links

Andechs

Kloster Andechs mit seiner barocken Wallfahrtskirche ist der kunsthistorische Höhepunkt der Radrunde. Der Kirchturm (man kann ihn übrigens besteigen) ist zu einem Wahrzeichen des Ammersees geworden. Nicht vergessen sollte man jedoch die Landkirche von Aschering mit ihren Deckenfresken des Johann Baptist Baader, der wie kein anderer verstanden hat, die dargestellten Personen fast karikaturhaft in ihrem Ausdruck zu übersteigern.

auf den Radweg ein, nach etwa 250 Metern überqueren wir die Straße und erreichen an der Friedenskapelle den alten Pilgerweg, der uns direkt zum Kloster Andechs bringt. Hier brauchen wir natürlich eine Pause – egal ob für Leib oder Seele. Angesichts der vielen Besucher an einem Sommertag ist es jedoch einfacher, die Räder stehenzulassen (Absperren nicht vergessen!), um den Heiligen Berg zu Fuß zu erobern.

Oben: Gut Kerschlach

Unten: Für die Schaupause am Aussichtspunkt bei Kerschlach lassen wir die Räder stehen.

Nächster Halt Kerschlach Vom großen Parkplatz aus geht es danach weiter auf der Andechser Straße nach Erling. Am Gasthaus zur Post queren wir die Straße in den Kerschlacher Weg und folgen ihm weiter in südlicher Richtung. Kurz nach der Andechser Molkerei Scheitz teilt sich der Weg. Beide Wege würden nach Kerschlach führen. Wir halten uns links, denn wir wollen uns im kleinen Hofladen der Biomolkerei mit einer leckeren Brotzeit für ein Picknick eindecken. Ein erstes schönes Rastplätzchen folgt bald nach dem Hofladen. Links des Wegs liegt die Stephanskapelle auf einem Hügel, ideal, wer den Hunger nicht mehr aushält. Aber es kommt später noch ein besserer Platz. Zunächst erreichen wir Machtlfing. Im Ort halten wir uns rechts in die Pähler Straße, weiter der Beschilderung Kerschlach folgend. Im leichten Auf und Ab passieren wir ein paar einsame Höfe, dann radeln wir aus dem Wald. Gleich auf der linken Seite befindet sich der wunderbare Aussichtshügel von Kerschlach. Ein kleiner Pfad führt über die Wiese dorthin. An klaren Tagen liegt die Alpenkette zwischen der Benediktenwand im Tölzer Land über das Karwendel und die Zugspitze bis hin zu den Allgäuer Bergen um den Grünten vor uns. Der beste Platz für ein mitgebrachtes Picknick. Danach geht es hinunter zum Gut Kerschlach.

Zum Starnberger See Wir verlassen das Gut auf der mit Bäumen gesäumten Straße leicht aufwärts. Dann queren wir die B2 geradeaus in den Feldweg und folgen der Beschilderung nach Monatshausen. Wieder treffen wir auf eine kleine geteerte Straße. Dieser folgen wir kurz nach rechts und biegen dann links in die Monatshauser Straße ein, nun den Schildern nach Tutzing folgend. Stets in westliche Richtung passieren wir dann an einer alten Allee den Ausläufer der Ilkahöhe. Ein kurzer Abstecher zu Fuß führt auf den beliebten Aussichtspunkt. Ansonsten bleiben wir der Straße treu und rollen hinab nach Tutzing. Wer mit der S-Bahn angereist ist, kann hier nun in den Zug steigen und die Tour vorzeitig beenden. Ansonsten folgen wir der Hauptstraße nach links durch Tutzing und ab hier gibt nun der Starnberger Seerundweg den weiteren Verlauf der Strecke an. Stets am Ufer entlang (manchmal muss man das Fahrrad an der Uferpromenade schieben) oder wenigstens in der Nähe des Ufers geht es über Garatshausen in den Feldafinger Schlosspark und weiter nach Possenhofen. Dort verlassen wir den See und radeln nun im leichten Auf und Ab durch den Wald nach Niederpöcking. Von dort ist es nicht mehr weit zurück nach Starnberg.

Jachtclub in Bernried

Einkehrtipps

Tolle Picknickplätze liegen am Weg, unterwegs gibt es einen Hofladen für die perfekten Zutaten. Daneben sind das Bräustüberl Kloster Andechs, der Gasthof Ludwig in Maising, der Maisinger Seehof und in Kerschlach das Café Tagesbar empfehlenswert.

3 Von Tutzing nach Weilheim

Höhepunkte zwischen Starnberger See und der Ammer

schwer | 58 km | 450 Hm | 4.30 Std.

Tourencharakter
Nur aufgrund der Länge eine als schwer eingestufte Rundtour, die meist auf Radwegen, kleinen Nebenstraßen und auf Dammwegen verläuft. Letztere können nach Regen Pfützen haben. Im Sommer Badesachen nicht vergessen!

Ausgangs-/Endpunkt
Bahnhof Tutzing

GPS
47.907225, 11.272486

E-Ladestation
Weilheim: Vor der Städtischen Musikschule, Dr.-Johann-Bauer-Platz 1, oder bei den Fahrradständern vor dem Bio-Supermarkt Biomichl, Pütrichstraße 9

Anfahrt
Bahn: Mit der Bahn oder S-Bahn von München nach Tutzing
Pkw: Am Westufer des Starnberger Sees liegt Tutzing. Einen Pendlerparkplatz gibt es am Bahnhof.

Information
www.dasblaueland.de

Viel Zeit für Besichtigungen sollte man sich auf dieser ausgedehnten Runde lassen. Siedlungen wie Weilheim oder Tutzing, Klosterdörfer wie Polling und Bernried und so manche Naturschätze wie der Haarsee oder die Magnetsrieder Hardtwiesen liegen entlang der Strecke.

Über die Moränenhügel nach Kerschlach Startplatz der Radtour ist der Bahnhof von Tutzing. Dort begeben wir uns auf die Westseite der Bahnsteige und folgen dem Beringerweg über den Park-and-Ride-Parkplatz in südliche Richtung. Dieser mündet in die Lindemannstraße, der wir nach rechts bergauf folgen. In der Linkskurve der Straße halten wir uns geradeaus in die kleinere Straße, die nach Monatshausen beschildert ist. Froh über die Zusatzleistung des Akkus ist es nun ein Leichtes, den anstehenden Moränenhügel zu bezwingen. Noch dazu führt unsere Straße

Tutzing ist durch die beiden Kirchtürme seiner Pfarrkirche St. Josef bekannt.

durch den Wald. Es ist angenehm schattig und wir kommen nicht ins Schwitzen. Wir passieren bald die Abzweigung zur Ilkahöhe und weiter bergauf erreichen wir nach einem einsamen Weiler eine Vorfahrtsstraße. Hier biegen wir rechts ein, ein kleiner kurzer Anstieg steht an und dann wenden wir uns an der nächsten Möglichkeit links in Richtung Gut Kerschlach. Wenige Minuten später überqueren wir vorsichtig die Bundesstraße B2 und flitzen abwärts zum großen Gut Kerschlach, das wir geradeaus durchqueren. Am Ende der Gebäude erwartet uns nicht nur eine schöne Aussicht, sondern mit einem kleinen Schwenk nach rechts könnten wir in der Tagesbar einkehren.

Abwärts an die Ammer Ansonsten folgen wir geradeaus der Beschilderung nach Pähl, wobei sich der Weg auf den Feldern kurz hinter dem Gut Kerschlach teilt. Wir wählen den rechten (eigentlich den mittleren) Abzweig und folgen dem Feldweg in schönster Aussichtsmanier auf einem kurzen Panoramaweg um den Hügel. Dahinter senkt sich der Weg und windet sich nun über den prächtig angelegten Golfclub Hohenpähl. Radwegzeichen in Richtung Pähl führen uns rechts und dann in einem Linksbogen zum Parkplatz der Anlage. Dort folgen wir rechts der Zufahrtsstraße, der Oberen Burgleite, abwärts. Sie bringt uns in Fahrtrichtung zur Kirchstraße in die Ortsmitte von Pähl. Vorbei an der Dorfkirche wird die Straße zur Ammerseestraße, in die wir rechts einbiegen. An ihrem Ende folgen wir nicht der

Links: Am Gut Kerschlach werden auch Kutschenfahrten angeboten.

Rechts: Mehrere Alleen wie am Golfclub Pähl werden wir heute passieren.

Rechtskurve, sondern wir fahren geradeaus in die Raistinger Straße (Schild »Raisting«). Am Ende der Bebauung radeln wir rechts den Radwegschildern folgend über die Felder. Nach links queren wir mit Hilfe der Unterführung die große Staatsstraße. Auf der anderen Seite beginnt wieder ein Radweg, dem wir kurz nach links folgen und dann geht es rechts auf die Raistinger Straße, leider ohne Radweg! Dieses Stück ist stark befahren; wer es umgehen möchte, bleibt noch kurz geradeaus, quert den Burgleitenbach und wendet sich direkt danach in den Feldweg nach rechts. Der ist zwar holprig und kein offizieller Radweg, aber er erspart uns die Autostraße. Erst nach dem Firmengebäude wendet er sich nach rechts und stößt dann auch auf die Straße. Egal, welchen der Wege man wählt, beide führen uns zur Ammer, die wir auf der Brücke queren, nur um gleich darauf links auf den Radweg in Richtung Weilheim einzubiegen.

Entlang der Ammer nach Weilheim Vorbei am Ammerhof folgen wir jetzt immer der Beschilderung nach Weilheim. Noch sehen wir nichts von der Ammer, die etwas weiter links von uns fließt. Rechts erhaschen wir noch einen letzten Blick auf die großen Parabolschirme der Raistinger Erdfunkanlage, aber schon geht es südwärts. Wir unterqueren die Eisenbahn und wechseln dann an der nächsten Brücke auf die andere Seite des Flusses. Dort teilt sich der Radweg. Diesmal halten wir uns rechts, um auf dem Ammerdamm weiterzufahren. So kommen wir in den Genuss der neu angelegten Renaturierungsflächen, an der die Ammer wieder über ein paar Kaskaden zu einem kleinen Wildfluss mutieren darf. Schließlich nähern wir uns Weilheim und können einen Abstecher in die Altstadt in Erwägung ziehen. Dafür weisen uns kurz nach der großen Ammerbrücke die Radwegschilder nach links den Weg in die Altstadt. Für die Weiterfahrt kommen wir später hierher zurück und bleiben dann der Ammer treu.

Weilheim Weilheim war früher das Zentrum des Pfaffenwinkels. Bevor es Autos gab, konnte man aus der Stadt mit dem Pferd jedes bedeutende Kloster der Umgebung innerhalb eines Tages erreichen. So verwundert es nicht, dass Handel und Handwerk in Weilheim äußerst gewinnbringend waren. Weilheim konnte sich eine mächtige Stadtmauer leisten, die bis heute erhalten ist. Sogar mitten im Dreißigjährigen Krieg war genug Geld in der Stadt, um die gewaltige Stadtpfarrkirche Mariä Himmelfahrt neu zu bauen und dafür den Münchner Hofkünstler Hans Krumpper zu engagieren. Das Rathaus an der Ostseite des Marienplatzes beherbergt seit 1966 die reiche Sammlung im Stadtmuseum mit Schwerpunkt

Weilheim an der Ammer

auf den Künstlern des Pfaffenwinkels. Drei- bis vierstöckige Geschäftshäuser begrenzen den Marienplatz, seinen Namen hat er von der Mariensäule, die der Weilheimer Bildhauer Hans Degler geschaffen hat.

STOA 169 und Polling Nach dem Stadtrundgang fahren wir zur Ammerbrücke zurück. Immer in Flussnähe und auf der Weilheimer Altstadtseite bleibend, weisen uns bald die Radwegschilder flussaufwärts den Weg nach Polling. Nach einem weiteren Gewerbegebiet, das wir jedoch nur am Rande passieren, sind wir schließlich wieder mitten in herrlichster Natur. Wir unterqueren eine weitere größere Autostraße und bleiben solange entlang des Flusses, bis wir an das Kunstwerk STOA 169 stoßen. Die offene Säulenhalle liegt unweit des Flusses mitten auf einer Wiese. Das Projekt wurde vom Pollinger Künstler Bernd Zimmer angeregt, der es mit viel Energie und Durchhaltevermögen umsetzte. Mehr als 100 Kunstschaffende aus aller Welt gestalteten jeweils eine Säule in dem einem griechischen Tempel nachempfundenen Stoa. Diese kreative Wandelhalle ist als Ort der geistigen Begegnung zu verstehen, in der man Kunst in ihrer ganzen Vielfalt erleben kann. Nach der Säulenhalle bleiben wir noch ein kurzes Stück entlang der Ammer, dann radeln wir unter der nächsten Brücke noch durch, halten uns dann sofort links, um auf die darüber führende Straße zu gelangen. Wir bleiben aber auf der ursprünglichen Flussseite und wenden uns nun auf der Straße nach rechts, bergauf. Leider ebenfalls wieder ein minimales Stück ohne Radweg, aber schon an der nächsten Abzweigung geht es für uns links in eine kleinere Straße, die uns direkt in die Ortsmitte von Polling führt.

Polling

»Liberalitas Bavariae« prangt in goldenen Buchstaben über dem Kircheneingang von Polling. Der Sinnspruch dokumentiert die Freiheit des Denkens, die einstmals in den Klostermauern herrschte. Im Jahr 750 hielt Herzog Tassilo Hofjagd im Ammertal. Seine Hunde stöberten eine Hirschkuh auf und verfolgten sie. Plötzlich blieb das Tier auf einer Lichtung stehen und begann, unbeeindruckt von seinen wütenden Verfolgern, mit den Vorderhufen den Boden aufzuscharren. Der Herzog ließ nachgraben und fand drei Kreuze und eine kostbare Reliquie. Da beschloss er, an dieser von Gott offenbarten Stelle ein Kloster zu errichten, in dem die heiligen Gegenstände verehrt werden konnten. So berichtet es die Gründungslegende des Klosters Polling. Eines der Kreuze ist im Hochaltar der Klosterkirche zu sehen, wobei man nur durch ein kunstvoll geschmiedetes Gitter das im Barockstil gestaltete Kirchenschiff bewundern kann. Alle Decken und Wände wurden im zartrosafarbenen Wessobrunner Stuck von Josef Schmutzer ausgeführt. Die Figuren stammen von keinem Geringeren als Johann Baptist Straub und zeigen die Stifterfiguren Heinrich und Kunigunde.

Badespaß und Natur pur! In der Ortsmitte von Polling queren wir den Triebenbach, biegen dahinter links ein und können nun durch den Torbogen das große Pollinger Kloster besichtigen. Für die Weiterfahrt folgen wir jedoch vor dem Kloster der Rechtskurve und wenden uns dann in der Linkskurve rechts in die Längenlaicher Straße (Schild »Etting«). Ihr folgen wir aus dem Ort hinaus und biegen dann rechts in die ansteigende Straße ein, die über die Felder vorbei an ein paar schönen Bäumen führt. Der Anstieg ist schnell geschafft, wir passieren den Sportplatz und den kleinen Jakobssee und erreichen kurz darauf nach links die große Kreuzung an der B2. Diese müssen wir nun vorsichtig auf die andere Seite queren, bei mehreren Fahrspuren ist das nicht ganz einfach und wir müssen uns in Geduld üben. Aber dahinter sind wir völlig ruhig auf einem kleinen Sträßchen unterwegs, das vorwiegend von landwirtschaftlichen Fahrzeugen befahren wird. Jetzt radeln wir nach Osten und genießen die Aussicht auf die nahen Berge. Wir bleiben immer auf dem Hauptweg, queren viele Straßen und gelangen an den Rand von Eberfing. Wir fahren aber weiter geradeaus, bis wir schließlich eine letzte größere Straße querend, der Beschilderung zum Haarsee in den Wald folgen. So erreichen wir das feudale Gut Hirschberg am Haarsee. Am Gut wendet sich der Weg nach links und führt dann vor der nächsten Toreinfahrt nach rechts. Durch die kleine Allee erreichen wir den Haarsee mit seinem Badegelände. Der kleine Moorweiher erwärmt sich rasch und ist somit ideal für einen Sprung ins Wasser.

Pollinger Klosterkirche

Über Magnetsried durch die Hardtwiesen Nach dem Badegelände halten wir uns links über den Parkplatz und erreichen auf der Zufahrtsstraße eine größere Autostraße. Für wenige Meter

Herbst am Haarsee

geht es rechts bergauf, dann beginnt ein Radweg, der uns nach Magnetsried führt. An der kleinen Kirche biegen wir links ein und folgen der Radwegbeschilderung zur Hardtkapelle, die uns an der Wegegabelung nach links schickt. Kurz danach sind wir im Naturschutzgebiet der Hardtwiesen unterwegs. Vor allem im Frühsommer ist der folgende Wegabschnitt ein Traum. Unzählige Sumpfgladiolen strecken ihre pinkfarbenen grazilen Blüten in den weiß-blauen Himmel. Gelbe Iris geben sich ein Stelldichein und zahllose Schmetterlinge und Libellen lieben die feuchten Wiesen, die leicht gewellt und mit sanften Buckeln das typische Landschaftsbild der letzten Eiszeit zeigen. Vereinzelt wachsen dort knorrige Kiefern oder auch mächtige Eichen. Zum Abschluss, wenn wir auf die geteerte Straße treffen, liegt die Hardtkapelle am Weg. Eine schöne Sage rankt sich um ihre Entstehung, die wir an einem Infoschild nachlesen können. Vor der Kapelle folgen wir dann der Straße nach rechts, die uns bergab und bergauf zur Straße nach Bauerbach bringt.

Über Bauerbach zum Starnberger See Eine Einkehr lohnt sich nach rechts in die Ortsmitte zum Gasthaus Steidl, ansonsten wählen wir die zweite, die größere Straße nach rechts, die uns etwas am Rand von Bauerbach vorbeiführt, um anschließend wieder weiter über die Felder im Grünen zu radeln. Wir passieren die Häuser von Gallafilz und nach einem Waldstück Unterholz mit seinem großen feudalen Pferdegestüt. Kurz darauf erreichen wir im Ortsteil Hapberg den Ortsrand von Bernried in der Weilhei-

mer Straße. Ihr folgen wir über die Gleise der Bahn hinweg zur Vorfahrtsstraße. Dort biegen wir links ein und bergab geht es auf der Tutzinger Straße. In der Linkskurve können wir rechts das Kloster Bernried besuchen oder gegenüber im kleinen Hofladen einkehren. Ansonsten halten wir uns links und bald beginnt der Radweg, der uns vorbei am Buchheim Museum leicht bergauf zum großen Museumsparkplatz bringt. Wir radeln über den Parkplatz und gleich darauf passieren wir die Einfahrt zur Höhenrieder Klinik. Dahinter beginnt ein wunderschöner Radweg durch eine Allee, der in Richtung Tutzing beschildert ist. Wenn Fußgänger in der Allee unterwegs sind, haben diese natürlich Vorrang, aber ansonsten sausen wir zwischen den Bäumen hindurch, um anschließend die Feuchtwiesen am Rötlbach und dem Karpfenwinkel zu queren. So kommen wir nach Unterzeismering, durchqueren den Ort und radeln anschließend das letzte Stück auf einem Radweg parallel zur Autostraße nach Tutzing. Gleich am Ortsbeginn halten wir uns am großen Kreisverkehr links und sind wieder auf der Lindemannstraße. Wir unterqueren die Bahn, halten uns dahinter rechts und erreichen so den Tutzinger Bahnhof, unseren Ausgangspunkt.

Für das Buchheim Museum von Bernried bleibt kaum mehr Besichtigungszeit; zum Glück gibt es schon in der frei zugänglichen Außenanlage einiges zu sehen.

Einkehrtipps

In Pähl muss man sich zwischen den Gasthäusern Alte Post und Neue Post entscheiden. Weilheim bietet rund um den Marienplatz viele Einkehrmöglichkeiten. Bernried lockt mit dem Bernrieder Hofladen im Schlossgut Bernried oder der Bäckerei Ziegler. Im Buchheim Museum gibt es ein Museumscafé und zum Abschluss in Tutzing mehrere Möglichkeiten in der Ortsmitte.

4 Um den Ammersee

Highlights am See

mittel | 49 km | 250 Hm | 4 Std.

Tourencharakter
Schöne Rundtour um den See, fast ausschließlich auf ausgeschilderten Radwegen und wenig befahrenen Nebenstrecken. Viele schattige Abschnitte, deshalb auch besonders mit sommerlichen Temperaturen geeignet. In der zweiten Hälfte erwarten uns ein paar Höhenmeter.

Ausgangs-/Endpunkt
Herrsching, Bahnhof

GPS
47.998699, 11.170745

E-Ladestation
Utting: Pavillion am See; Schondorf: Mühlaustraße 3; Herrsching: an der Tourist-Information am Bahnhof

Anfahrt
Bahn: Mit der S-Bahn nach Herrsching am Ammersee
Pkw: Herrsching liegt am Ostufer des Sees. Der Bahnhof ist ausgeschildert, dort gibt es einige Parkplätze.

Information
www.starnbergammersee.de

Der Ammersee ist der drittgrößte bayerische See. Bei einer Umrundung lernen wir ihn von allen und von seiner besten Seiten kennen. Herrliche Uferwege, kleine Städte und Dörfer, dazu Badplätze, die dem motorisierten Besucher verborgen bleiben.

Im Uhrzeigersinn Vom Bahnhof in Herrsching geht es auf der Straße Zum Landungssteg nach Süden. Sie stößt auf die Seestraße, wir biegen rechts ein und kommen in die Nähe der Schiffsanlegestelle an der Seepromenade. Da diese meist stark frequentiert ist, halten wir uns vorher links in die Summerstraße, die in die Mühlfelder Straße mündet. Nun geht es kurz nach rechts, bis wir am Kreisverkehr am Schloss Mühlfeld erneut rechts abbiegen. Hier verläuft parallel zur Straße ein relativ langweiliger Radweg. Wenn wir jedoch gleich nach dem Schloss rechts zum Uferweg hinunterradeln, ist unsere Strecke viel schöner. Unten geht es nun immer am See entlang. Mit etwas Abstand fahren wir am Schullandheim

Mit Hilfe der Ammerseeschifffahrt lässt sich die Tour auch abkürzen.

Wartaweil vorbei. Danach passieren wir die Villa Habersack, ein Bildungszentrum des Bund Naturschutzes. Bei genauem Hinsehen finden wir links eine Steinsäule, die dem Gebiet den Namen »Wartaweil« gegeben hat. Sie steht direkt auf der Linie zwischen den beiden Klöstern Andechs und Dießen und war die Peilmarke für den Fährmann, der die Pilger von einem Kloster zum andern brachte. War das Boot voll und drängten sich immer noch Wallfahrer am Ufer, so rief der Fährmann »Wart a Weil«, und man musste sich gedulden. Weil dies immer wieder vorkam, erhielt die Stelle diesen Namen.

Ein Wahrzeichen von Herrsching: das Kurparkschlösschen

Südschleife Etwas später passieren wir noch das Erholungsgebiet Wartaweil und bei Aidenried verlassen wir das Ufer und haben das südliche Ende des Sees erreicht. Kurz teilen wir uns die Straße mit dem Autoverkehr. Dann folgen wir wieder dem Radweg nach Fischen. Dort können wir uns ein bisschen Zeit für das Kupfermuseum in der Ortsmitte nehmen. Die Beschilderung lotst uns nun nach Dießen, zunächst auf einem Radweg parallel zur Autostraße, dann nach links in einem großen Bogen mitten durch das sonnige Naturschutzgebiet des Ammermoores.

Ammermoor Hier im Flussdelta der einmündenden Alten und Neuen Ammer wächst ein großer Schilfgürtel, der immer mehr verlandet. Das Gebiet ist vor allem für Vögel ein geschützter Lebensraum und Rückzugsgebiet. Kurz vor Raisting bei Rothbad radeln wir dann wieder nach Norden, jetzt parallel zu den Bahngleisen. Diesen Streckenabschnitt teilen wir uns mit den Pkws, erst kurz vor Dießen beginnt wieder ein Radweg, auf dem wir bis zur Uferpromenade und dem Bootsanlegesteg kommen.

Dießen Dießen lohnt einen längeren Stopp. Außer der berühmten Stiftskirche macht es unheimlich Spaß, durch den malerischen Ort zu schlendern und sich die zahlreichen Kunsthandwerksbetriebe wie Zinngießereien und Töpfereien anzusehen. Eine kurze Zwischeninfo: In Dießen haben wir noch nicht einmal die Hälfte der Seeumrundung zurückgelegt. Für die Weiterfahrt geht es in Ufernähe zur kleinen Wallfahrtskirche St. Alban, in die wir unbedingt einen Blick werfen müssen. Die reizvolle Rokokoausstattung, die Wessobrunner Stuckateure im 18. Jahrhundert geschaffen haben, ist bezaubernd. Immer an den Gleisen orientierend, erreichen wir bald Riederau mit seinem großen Strandbad.

Nach Norden Weiter nach Norden radeln wir ein Stück durch den Wald. Kurz vor Utting bremst uns das Künstlerhaus Gasteiger und sein Park zu einer Besichtigung aus. Der Park steht für alle Besucher kostenfrei offen. Wer jetzt nach so weiter Strecke auch einmal an sein eigenes leibliches Wohl denkt, muss noch ein bisschen durchhalten. Wir radeln weiter am Uttinger Bootsanleger und Strandbad vorbei, bis wir zum Biergarten »Alte Villa« kommen. Sonn- und Feiertags ist hier immer viel los. Meist gibt es Livemusik, eine Institution am Ammersee. Man sitzt unter schattigen Bäumen und lässt sich das Essen bei guter Musik schmecken. Weiter geht es jetzt wieder im Sattel nach Schondorf, wo wir nochmal am Ufer eine Pause einlegen könnten. Von hier aus fahren wir völlig ab jeglicher Besiedlung an das Nordende des Sees, wo wir schließlich über die Brücke des Amperabflusses Stegen erreichen.

Im Auf und Ab nach Süden Stegen scheint nur aus einigen Cafés, Bars und Gasthäusern zu bestehen. Dazu gibt es ein beliebtes Erholungsgelände. So müssen wir, falls es zu voll wird, besser schieben. Am Ende wird der Weg sogar zum reinen Fußgängerweg, aber auch dieses Stück haben wir schiebend schnell passiert. Dann kommt endlich wieder unser Motor zum Einsatz. Vor dem großen Bootslagerplatz biegen wir links in die Bergstraße ein und stoßen auf die Schornstraße, die auf

Einkehrtipps

In Dießen gibt es nahe der Uferpromenade, westlich der Gleise, in der Straße Mühlfeld mehrere nette Sitzmöglichkeiten sowie einen Straßenverkauf von frisch geräuchertem Ammerseefisch für eine Brotzeit. Besonders schön sitzt man im Sommer am Sonntag im Jazz-Biergarten Alte Villa in Utting. Während in Stegen kaum ein Biergarten näher am Wasser sein könnte als das Seehaus Schreyegg.

einem Höhenkamm nach Süden führt. Sie wird zur Waldstraße, von der wir schon nach etwa 100 Metern nach links in die Straße am Vorholz abbiegen. Nach dem Friedhof von Buch wird sie zur Hauptstraße, der wir durch das Dorf bis zur Gemeindeverwaltung folgen. Dort biegen wir rechts in die Schloßstraße ein, die wir nach etwa 200 Metern nach links in die nach Süden führende Breitbrunner Straße wieder verlassen. In Breitbrunn überqueren wir die große Autostraße, radeln am Friedhof vorbei links in die Jaudesbergstraße und dann etwas rechts versetzt zur Wörthseestraße. Jetzt folgen wir der Beschilderung nach Herrsching. Wieder sind wir völlig einsam unterwegs und radeln über Ellwang und Rausch mit einigem Abstand zum Ammersee. Dafür genießen wir den herrlichen Blick auf die Alpenkette. Gleich hinter Rausch rollen wir dann steil bergab, an der großen Beamtenfachhochschule vorbei und erreichen wieder die Uferpromenade von Herrsching. Jetzt ist sicherlich noch etwas Zeit, am Wasser zu sitzen, bevor es zum Bahnhof zurückgeht.

Das Marienmünster von Dießen erreichen wir nur mit einem Abstecher, aber die barocke Kirche lohnt jede Pedalumdrehung.

Herrsching

1903 war ein wichtiges Jahr für Herrsching, der Ort bekam den Bahnanschluss nach München. Tagesausflügler konnten nun leicht an den Ammersee reisen und die Herrschinger konnten ihre Produkte, vor allem Fische fangfrisch in der Stadt verkaufen. Der wirtschaftliche Aufschwung war beachtlich und das ist bis in unsere Zeit hinein auch so geblieben. Kein Wunder, bietet doch Herrsching alles, was man sich als Erholungssuchender vorstellen kann. Ein kurzer Spaziergang an der Seepromenade lässt sich gut mit einem Bad im See verbinden, man kann ihn auch mit einer Wanderung etwa zum Kloster Andechs hin ausdehnen. Unbedingt besuchen sollte man das Kurparkschlösschen mit seinem hübschen Turm.

5 Von Weilheim nach Wessobrunn

Folge der Loisach!

leicht | 39 km | 200 Hm | 3.15 Std.

Tourencharakter
Die Radtour verläuft überwiegend auf land- und forstwirtschaftlich genutzten Straßen oder Fahrradwegen, die zur Hälfte ungeteert sind. Eine anstrengendere Auffahrt nach Wessobrunn gibt es. Ansonsten fast eben oder leicht bergab. Wenig Schatten!

Ausgangs-/Endpunkt
Weilheim, Ammerbrücke

GPS
47.842694, 11.136572

E-Ladestation
Unterwegs keine

Anfahrt
Bahn: Mit der Bahn nach Weilheim, von dort durch die Bahnhofstraße und die Bahnhofgasse zur Schützenstraße und dieser nach rechts über die Ammer folgen
Pkw: Weilheim liegt an der B 2. Parkplätze in der Ortsmitte oder an der Hochlandhalle/Stadthalle am westlichen Ammerufer

Information
www.weilheim.de

Es ist die Kombination von Natur mit Kulturerlebnis, die diese Radrunde im Herzen des Pfaffenwinkels so besonders macht. Im Eibenwald sowie im Ammermoor ist für Naturliebhaber einiges geboten, während das Kloster Wessobrunn neben zahlreichen Kapellen und Kirchen zeigt, woher der Pfaffenwinkel seinen Namen hat.

Zum Eibenwald Von der Weilheimer Hochlandhalle fahren wir zur nahe gelegenen Ammerbrücke. Wir queren sie nicht, sondern radeln nach rechts an ihrem Ufer entlang flussaufwärts. Nach wenigen Pedalumdrehungen haben wir Weilheim verlassen, die Ammer begleitet uns bis zur Bahnlinie, der wir nach rechts folgen. Alle weiteren Abzweigungen ignorierend, halten wir uns nun immer geradeaus, anfangs bergauf, bis wir nach insgesamt fünf Kilometern den Weiler Kugelsbühl erreichen. Hier biegen

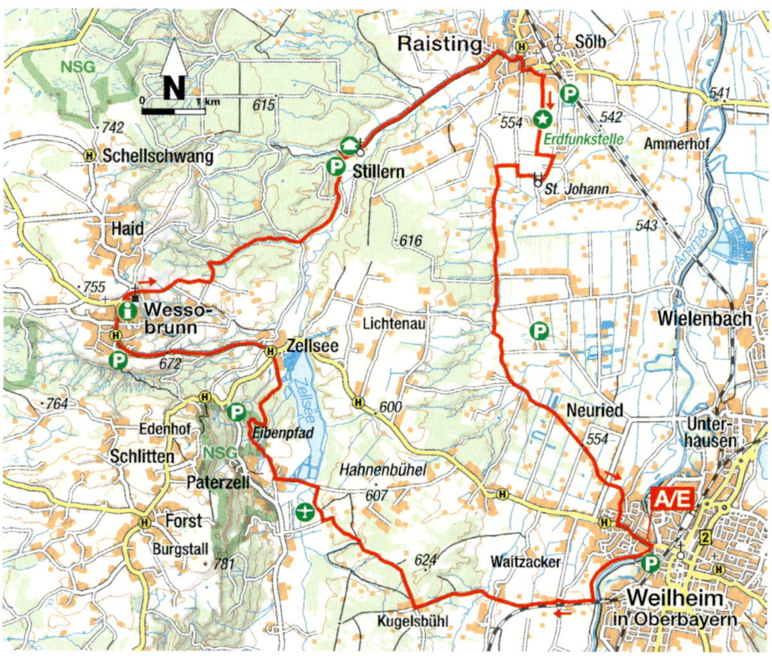

In den Straßencafés am Marienplatz von Weilheim herrscht lebhaftes Treiben.

wir rechts ab und gleiten durch den abwechslungsreichen Oderdinger Wald. Wenn wir den Wald verlassen, haben wir freie Sicht auf den Hohenpeißenberg mit seiner Wallfahrtskirche und den Sendemasten. Weiter abwärts führt uns vor dem in der Talsohle liegenden Segelflugplatz das Radwegschild nach rechts. Jetzt radeln wir zwischen feuchten Wiesen und freuen uns über die Artenvielfalt im Sommer. Hoch steht das Mädesüß und die lila-farbigen Kerzen des Blutweiderichs setzen bunte Akzente. Über den kleinen moorigen Rottgraben geht es am Pferdehof Moosmühle nach rechts und kurze Zeit später erreichen wir nach einer Kurve rechts die Abzweigung in das Naturschutzgebiet Eibenwald bei Paterzell.

Geheimnisvolle Geschichten Um die geheimnisvollen Bäume zu finden, steigen wir am Waldrand vom Rad und begeben uns nach links auf den Themenlehrpfad Eibenwald. So erreichen wir einige der schönsten Exemplare dieser seltenen Bäume. Der Weg windet sich dabei malerisch über kleine Bachläufe durch den Wald. Viele Infotafeln erzählen Wissenswertes über die Eibe, über ihre Biologie und über die vielen Geschichten und Legenden, die sich um den Baum ranken. Wenn wir uns auf dem Lehrpfad schließlich etwas rechts halten, mündet der Pfad wieder auf die Forststraße, der wir jetzt mit dem Rad weiter nach links folgen.

Sagenumwoben sind die Quellen im Brunnenhaus von Wessobrunn.

Über Zellsee auf den Hügel So verlassen wir den Wald, passieren den Zellsee mit seinen vielen Seerosen und erreichen mit einem kurzen knackigen Anstieg den gleichnamigen Weiler mit seiner hübschen Kapelle. Wir folgen der Straße nach rechts und unterqueren dann die Bundesstraße durch die Unterführung. Hier folgen wir links den Radwegschildern nach Wessobrunn. Nun steht der Härtetest bevor. Die Straße steigt für drei Kilometer bergan, zum Glück nicht zu steil, dafür aber stetig. Mit dem E-Bike ein Kinderspiel, so lohnt es sich, kurz anzuhalten um die Aussicht in unserem Rücken zu genießen. Ein Vorgeschmack, was uns am Kloster, dem höchsten Punkt der Tour, erwartet. Dazu fahren wir in weitem Bogen auf Wessobrunn zu und durchqueren den Ort auf der Hauptstraße. Fast am Ende des Orts, beim Gasthof zur Post, wendet sich die Hauptstraße nach links. Wir besichtigen noch die drei mächtigen Linden, unter denen das Wessobrunner Gebet in Stein gemeißelt steht. Gegenüber geht es dann in den Klosterhof.

Wessobrunn und seine Sehenswürdigkeiten Zur Besichtigung stellen wir die Räder ab und begeben uns auf einen Rundgang über den geschichtsträchtigen Boden des einstigen Klosters. Unbedingt ansehen sollte man die Quellen, den Camapanile »Grauer Herzog«, die Pfarrkirche und die schöne Gartenanlage. Heute ist das Kloster an einen Naturkosmetik-Hersteller verpachtet. Die Produkte lassen sich im Klosterladen erwerben. Sehr sehenswert ist eine Besichtigung des Fürstentrakts im Rahmen einer Führung (www.klosterwessobrunn.de). Über und über sind die Säle mit reichem, farbigem Stuck von Johann Schmutzer verziert. Wessobrunn brachte eine eigene Stuckatoren-Schule hervor, die im barocken Zeitalter in vielen bayerischen Kirchen Aufsehen erregende Werke schuf. Sehenswert ist noch die 1000-jährige Tassilolinde, ein weit bekanntes Naturdenkmal, das unterhalb der Klosteranlage steht und unter deren Blätterdach Tassilo die

Nacht verbracht haben soll. Eine gern erzählte Geschichte, die sich beim schnellen Nachrechnen der historischen Daten wohl nicht belegen lässt.

Bis heute hat sich das Kloster Wessobrunn sein beschauliches Flair erhalten.

Aussichtsreich ins Tal Nach der Klosterbesichtigung geht es nun zur Rückfahrt. Dafür radeln wir oberhalb der Kirche auf dem Tassiloweg nach Osten. Mit herrlicher Sicht über das Ammermoor

Wessobrunn

Das Kloster wurde der Legende nach vom letzten Agilolfinger Herzog Tassilo III. 753 gegründet. Der Herzog soll während einer Jagd im nahe liegenden Wald eine Nacht verbracht haben. Dabei träumte er von sprudelnden Quellen, die von Heiligen umringt waren. Natürlich ließ er am nächsten Tag danach suchen und wurde fündig. Er verstand dies als göttliche Fügung und gelobte, ein Kloster bei den Quellen zu bauen. So wurde das Kloster im 8. Jahrhundert errichtet, wobei von den ursprünglichen Bauteilen nicht viel übrig geblieben ist. Die Quellen, heute barock gefasst, gibt es noch immer, wir finden sie hinter der Pfarrkirche St. Johannes am Fuße des Berghangs. Auffallend ist der »Graue Herzog«, der frei stehende romanische Campanile, der ursprünglich zur Klosterkirche gehörte. Diese stand auf dem freien Platz neben dem Turm, wurde aber während der Säkularisation dem Erdboden gleichgemacht. In der Nähe steht die barocke Pfarrkirche. Innen zeigt ein spätromanisches Kruzifix frühe Schnitzkunst, in der sich bereits die typische Steifheit des Körpers zu wandeln beginnt. Es ist der klägliche Rest der einstmals an Kunstschätzen reichen Klosterkirche.

Einkehrtipps

Wer in Wessobrunn einkehren möchte, findet im Gasthof zur Post ein Traditionsgasthaus an der Hauptstraße. Direkt an der Strecke liegt bei Stillern der wunderschöne Biergarten »Grenzbach« (Fr und Wochenende geöffnet), in Raisting bietet sich das Gasthaus zur Post in der Ortsmitte an.

und die Alpen geht es sanft und gleichzeitig flott bergab. Noch im Schwung dürfen wir die Abzweigung links auf den ungeteerten Weg (Radwegschild) nicht übersehen. Etwas Vorsicht ist beim Abbiegen auf den lockeren Untergrund geboten. Jetzt geht es weiter abwärts, völlig mühelos und den Akku schonend in den Stiller Wald. An einer Kreuzung fast schon in der Talsohle halten wir uns links, stets der Beschilderung nach Raisting folgend.

Zunächst Biergarten, dann Radome Die verkehrsfreie Straße endet in Stillern, nun ist der Weg wieder geteert. In dem kleinen Weiler lockt ein malerischer Biergarten unter Bäumen. Gut, wenn gerade Wochenende ist, denn dann kann man bei Biergartenwetter einkehren und sich mit Brotzeiten, hausgemachten Spezialitäten und feinen Biosäften oder süffigen Biobieren stärken. Nach der Rast begleitet uns dann mit etwas Abstand das Bächlein Rott mit seinen silbrig glänzenden Weiden. In Raisting radeln wir rechts durch die Floßmannstraße zur Kirche an der Hauptstraße, die hier Herrenstraße heißt. Auf ihr geht es nach

Links: Mächtig sind die großen Radome bei Raisting.

Rechts: Das Johanniskirchlein im Ammermoor

rechts, dann folgen wir jedoch nicht der Vorfahrtsstraße, sondern wir bleiben geradeaus auf dem Mitterweg. Kaum haben wir Raisting verlassen, liegen vor uns auf den freien Feldern die riesigen Satellitenschüsseln der Erdfunkstationen. Es lohnt sich, eine Schleife über die Feldwege zu den Radomen zu fahren. Wer seine Augen offen hält, entdeckt auf den Feldern übrigens auch einige Störche. Wir sind nun schon ganz nah am Mündungsgebiet der Ammer in den Ammersee und hier brüten jedes Jahr einige Storchenpaare. Wer auf dem Mitterweg geblieben ist, folgt nach dem letzten Radom rechts dem Radwegschild, das uns an der nächsten Kreuzung nach links schickt. Alle, die wie wir gerne wild über die Feldwege zwischen den Radomen herumcruisen, halten einfach auf das frei stehende Wallfahrtskirchlein zu. Davor biegen wir rechts ab und folgen dann ebenfalls stur im Zickzack den Radwegzeichen.

Gerade im Ammermoor gibt es ein paar wunderschöne Rastplätze, die uns weit in die Berge schauen lassen.

Durch das Ammermoor nach Weilheim Der Radweg führt uns nun schnurstracks in südliche Richtung. Am Waldrand wird er zu einem schmalen Pfad, der gleich darauf wieder breiter wird. Auch wenn die nach links führende und von Birken gesäumte Straße verlockend aussieht, halten wir uns rechts, fahren durch eine Schranke und folgen dem für Autos gesperrten Weg geradeaus. Immer mehr tauchen wir in das Ammermoor ein. Links und rechts des Wegs liegen einige ehemalige Torfabbauflächen, erkennbar an den mystisch anmutenden dunklen Wasserflächen, den Moorseen. In einem davon stehen unzählige weiß ausgebleichte abgestorbene Bäume. Ein echter Hingucker. Geradeaus geht es über die querenden Straßen, dann erreichen wir auf der Moosstraße die ersten Häuser von Weilheim. Sie bringt uns an ihrem Ende zur großen Wessobrunner Straße, auf der wir nach links zurück zur Ammerbrücke radeln. Wer jetzt noch Zeit hat, Weilheim und seine Altstadt zu besuchen, der hat alles richtig gemacht und vollendet so genussreich diese schöne Tour.

6 Von Hohenpeißenberg nach Schongau

Kirchenkunst links und rechts des Lechs

mittel | 48 km | 575 Hm | 4 Std.

Tourencharakter
Eine Tour auf Stadtstraßen, Landstraßen mit wenig Autoverkehr, geteerten oder ungeteerten Radwegen und Feldwegen über einige Moränenhügel. Vor Kiensau steile Ab- und Auffahrt am Lech

Ausgangs-/Endpunkt
Hohenpeißenberg, Bahnhof

GPS
47.789173, 10.998873

E-Ladestation
Hohenpeißenberg am Rathaus, Peiting am Hauptplatz und am Wellenbad, Schongau beim Rathaus

Anfahrt
Bahn: Von München oder Schongau mit der BRB nach Hohenpeißenberg (nicht mit dem Bahnhof von Peißenberg verwechseln!)
Pkw: A95 Ausfahrt Sindelsdorf, auf der B472 nach Hohenpeißenberg, im Ortszentrum den Schildern »Bahnhof« folgen, Parkplätze am Bahnhof

Information
www.hohenpeissenberg.de

Ohne Elektromotor-Unterstützung wäre diese Tour ganz schön anstrengend, denn wir radeln über viele Hügel links und rechts des Lechs. Kulturelle Höhepunkte wie die Wallfahrtskirche St. Leonhard im Forst, Altenstadt und Schongau liegen auf der Strecke.

Um den Hohen Peißenberg Wir beginnen unsere Radtour am Bahnhof von Hohenpeißenberg und fahren die Bahnhofstraße in weiten Schleifen bergauf. Schon sind wir über das E-Bike glücklich, denn gleich müssen wir 60 Höhenmeter bewältigen. Oben treffen wir auf die Hauptstraße von Hohenpeißenberg und folgen ihr nach links. Einen völlig abgetrennten Radweg gibt es trotz des beachtlichen Verkehrs nicht, aber immerhin ist ein Teil der Straße für uns Radler reserviert. Wo die geschlossene Bebauung endet, wendet sich die Hauptstraße in einem weiten Bogen

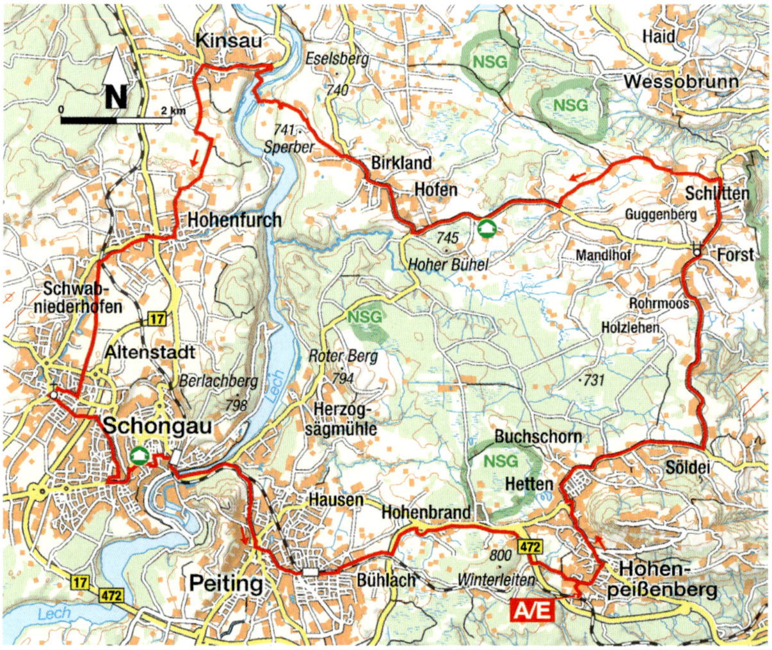

Das Panorama vom Hohen Peißenberg lässt keine Wünsche offen, mit dem E-Bike lohnt sich die Auffahrt definitiv.

nach links. Wir halten uns jedoch geradeaus, bewundern den riesengroßen Gasthof Hetten und fahren dann in einem weiten Rechtsbogen um die Neubausiedlung Hetten herum. Am anderen Ende der Siedlung beginnt die Forster Straße, der wir für gut zwei Kilometer folgen. Dann biegen wir an einem Waldrand links ab, der große Wegweiser schickt uns Richtung Forst.

Das Klosterland Bis fast hinüber zum Lech fahren wir nun durch ein Land, in dem es wenige Dörfer gibt. Die Bauern leben in Weilern mit zwei, drei oder vier Bauernhöfen. Bis heute hat das den Vorteil, dass das Land, das sie bewirtschaften, in unmittelbarer Nähe der Höfe lag. Früher war das nur möglich, weil sie über Jahrhunderte hinweg in Frieden leben durften. Einst waren die Bauern Untertanen der Klöster Wessobrunn oder Rottenbuch. Deren Land wurde, im Gegensatz zum Grundbesitz adeliger Grundherren, nie mit Krieg überzogen. Durch die Weiler Faistenau und Rohrmoos kommen wir nach Linden. Hier wartet eine Überraschung auf uns. Rechts, direkt neben der Straße, steht ein riesengroßer Lindenbaum. Der kleine Bildstock mit einer Muttergottesfigur verschwindet förmlich in dem gewaltigen Stamm mit einem Umfang von fast 10 Metern. Sein Alter wird auf 800 bis 900 Jahre geschätzt, nach ihm haben auch die Höfe in Linden ihre Namen erhalten: Lindenbauer, Lindengeiger und Lindenkramer. Das weist darauf hin, dass der Baum bei der Landnahme im Mittelalter schon gestanden hat. Unsere Fahrt geht im Auf und Ab auf der Straße weiter nach St. Leonhard im Forst, die einzige größere Gemeinde.

Der Viehpatron und ein Malergenie Die kleine Kirche ist dem Hl. Leonhard geweiht, dem himmlischen Schutzpatron der Tiere. Innen finden wir Deckenfresken mit Bildern aus seinem Leben. Vor allem das große Bild über dem Kirchenschiff verdient Beachtung. Es stammt von Matthäus Günther, der gar nicht weit von hier 1705 in Tritschenkreut unterm Hohenpeißenberg geboren wurde. Er malte seine kunstvollen Bilder in mehr als 40 Kirchen im Bayrischen und im Tiroler Raum und beeinflusste damit die süddeutsche Barockmalerei nachhaltig. 1769 hat er das große Deckenfresko in St. Leonhard gemalt. Es zeigt Maria mit den drei christlichen Tugenden und am Rand Szenen aus dem Leben des Kirchenpatrons. Charakteristisch für ihn ist, dass er nicht nur großen Dingen Beachtung schenkt, sondern auch das ganz alltägliche Leben zeigt: Ein Hase sitzt gut versteckt neben einem Felsen, daneben ruhen sich Schafe aus oder Pferde weiden im Gras. Auf die Arbeiten dieses herausragenden Barockkünstlers werden wir überdies in Schongau und vor allem auf dem Hohenpeißenberg mit einem Abstecher nach unserer Radrunde treffen.

Café-Idylle auf einsamer Flur Von St. Leonhard aus fahren wir noch einen guten Kilometer nach Norden, um dann nach dem Weiler Berchtold links abzubiegen. Nördlich von uns liegt jetzt das wasserreiche Tal des Schlittbachs mit dem alten Kloster Wessobrunn, das der Legende nach von Herzog Tassilo III. 735 gegründet wurde. Es taucht immer wieder zwischen den Bäumen auf. In Pentscher stoßen wir auf eine Querstraße, die wir etwas rechts versetzt überqueren. Wir fahren nun einen weiten Linksbogen, um in Gmain auf eine breitere Straße zu treffen. Wir folgen ihr nach rechts. Bald passieren wir die Abzweigung zur Zauberhütte von Mößle. Wer eine kleine Pause braucht, ist in dem Café in idyllischer Lage hervorragend aufgehoben. An den ersten Häusern des Dorfs Birkland biegen wir in die Staatsstraße rechts ein und passieren die Häuser von Birkland, das keinen richtigen Ortskern besitzt. Das nächste Dorf wäre Aich mit seiner Pfarrkirche St. Anna, in der sich ein Hochaltar von Johann Baptist Zimmermann befindet. Wer ihn besuchen will,

Einkehrtipps

Gleich am Beginn trifft man auf den Gasthof Hetten in Hohenpeißenberg (Di Ruhetag), hinter St. Leonhard liegt die Zauberhütte (nur am Wochenende) am Weg. Alternativ gibt es noch den Hotel Gasthof Negele in Hohenfurch und mehrere Möglichkeiten wie den Lechwirt in Schongau.

fährt ein kurzes Stück den flachen Berg zur Kirche hinauf. Für die Weiterfahrt biegen wir jedoch noch vor den Häusern von Aich der Radwegmarkierung nach Kinsau folgend links ab.

Kinsau mit der Pfarrkirche St. Matthäus

Über den Lech Durch den Gumpengraben geht es steil abwärts und dann stehen wir plötzlich vor dem verschlossenen Tor einer Kläranlage. Wenn auch das Radwegschild fehlt – wir sind trotzdem richtig. Auf dem ziemlich überwachsenen Weg fahren wir nach rechts um die Anlage herum, um bei der ersten Gelegenheit nochmals rechts in den Auwald hinein abzubiegen. Das Waldstück ist keine 50 Meter breit, dann stehen wir vor dem Laufwasserkraftwerk Kinsau, eines der 22 Kraftwerke, die das Wasser des Lechs zur Stromerzeugung nutzen. Wir überqueren den Fluss auf der Staumauer, fahren nach rechts zur Staatsstraße und folgen ihr nach links leicht bergauf in den Ort Kinsau. Dabei passieren wir den Schlosswirt, der leider nur abends geöffnet hat, und biegen dann links in die Hohenfurcher Straße ein.

Durch den Lechrain Jetzt sind wir nach Süden durch den Lechrain Richtung Hohenfurch unterwegs. Der Lechrain ist ein Landstreifen westlich des Lechs, der sich von Rain am Lech an Augsburg vorbei bis zu den Bergen hinzieht. Es war und ist eine typische Grenzregion, das sagt schon der Name, denn Rain bedeutete im Althochdeutschen einfach Grenze. Wir radeln über die Felder und erreichen dann leicht abwärts Hohenfurch, das sich quer zur B 17 entlang der Schönach entwickelt hat. Von hier aus bietet sich ein Abstecher nach Altenstadt mit seiner romanischen Basilika an. Dafür folgen wir dem gut markierten Radweg zuerst dem Bach entlang Richtung Schwabniederhofen. Gleich nach der Querung der Bahn biegen wir nach links ab. Aufwärts über eine kleine Höhenstufe geht es nun weiter nach Altenstadt. Rechts sehen wir die großen Gebäude der Franz-Josef-Strauß-Kaserne, in der Fallschirmspringer ausgebildet werden. Über die Schongauer Straße und die Kirchenstraße erreichen wir das

Brücke am Peitinger Mühlbach

romanische Gotteshaus, um einen Blick in die Kirche zu werfen (siehe Tour 7). Nach dem Besuch der Kirche folgen wir der Radwegbeschilderung »Schongau« über den Friedhofsweg, die Schäfgasse und den Köllenweg. Dieser bringt uns über die Bundesstraße und dann geht es rechts in die Schönlinder Straße. Wo einseitig die Häuser enden, beginnt links ein Rad- und Fußweg. Er bringt uns an der Hangkante entlang und wir genießen die Aussicht auf die Schongauer Altstadt. Nach dem Friedhof biegen wir rechts ab und erreichen wieder die Schönlinder Straße, die uns nach links zur großen Marktoberdorfer Straße führt. Dort folgen wir dem Radweg auf der linken Seite bergab zum Kreisverkehr. Jetzt geht es rechts an den Schulen vorbei und dann freuen wir uns erneut über die Schubkraft unseres Motors, denn bergauf erreichen wir so komfortabel den Frauenberg und dahinter die Altstadt von Schongau.

Schongau Nachdem wir bereits in St. Leonhard Matthäus Günther kennengelernt haben, lassen wir uns seine Fresken in der Schongauer Pfarrkirche Mariä Himmelfahrt auch nicht entge-

Schongauer Pfarrkirche

Die Fresken in der Schongauer Pfarrkirche erzählen von einem Ereignis, das sogar bis Rom vorgedrungen ist. Den Heiligen Geist in Menschengestalt abzubilden, war seit dem späten Mittelalter unüblich, 1745 hatte das Papst Benedikt XIV. durch ein Dekret sogar ausdrücklich verboten. Als beim Neubau der Schongauer Kirche 1748 das Gerüst entfernt wurde, war der Skandal da. Im Chor sah man Maria als Braut. Der Bräutigam kein geringerer als der Heilige Geist in der Gestalt eines eleganten jungen Mannes. Das war eine offene Auflehnung gehen Rom! Das Dumme an der Sache war nur, dass man das so einfach nicht ändern konnte. Man hätte ein neues Gerüst aufbauen sowie den Maler zur Umarbeitung überzeugen müssen. Das wäre viel zu teuer geworden. Trotzdem meldete der Pfarrer pflichtbewusst die Angelegenheit nach Rom. Aber dort ist sie wohl in Vergessenheit geraten, denn man hat nie mehr etwas davon gehört. So dürfen wir uns heute noch an dieser sehr seltenen Darstellung erfreuen.

hen. Nach einem Bummel durch die Altstadt vielleicht mit einem Einkehrstopp am Marienplatz im Ballenhaus, dem ehemaligen Lagerhaus, geht es weiter nach Peiting. Dazu fahren wir an das nördliche Ende des lang gestreckten Marienplatzes und biegen nach rechts in die Weinstraße ein. Unter der Stadtmauer durch geht es steil abwärts zum Bahnhof. Dort folgen wir rechts der großen Straße bis zu ihrem Ende, überqueren erst dann das Bahngleis und gleich anschließend den Lech. Nun geht es in einer Linkskurve auf der Peitinger Straße weiter, diese verlassen wir jedoch gleich nach links auf einen Radweg, der uns in Flussnähe und dann parallel zur großen Autostraße sicher nach Peiting führt.

Peiting Die Schongauer Straße bringt uns zum Hauptplatz von Peiting. Scharf nach links in die Bachstraße abbiegend, erreichen wir rechts durch die Freistraße die Bahnhofstraße. Am Ende des Bahnhofsareals überqueren wir die Bahn und schwenken dann sofort in den Lindersmahdweg ein, auf dem wir schließlich die B 472 überqueren. Nach der Brücke geht es links abwärts neben die B 472. Wir fahren sicher abgetrennt entlang der Bundesstraße, bis wir etwa 400 Meter nach dem Weiler Hohenbrand durch einen Tunnel die Seite wechseln. Auf der anderen Seite nehmen wir nicht den breiten Bauweg, sondern gleich darauf die alte Straße nach rechts. Sie bringt uns zur bereits bekannten Straße am Bahnhof. Nun nur noch nach rechts und wir erreichen auf ihr unseren Ausgangspunkt.

Links: Matthäus Günther malte 1761 das faszinierende Fresko mit dem Heiligen Geist in der Schongauer Pfarrkirche Mariä Himmelfahrt.

Rechts: Schongaus Altstadt

7 Altenstadt, Auerberg und Lechwege

Der große Akkutest

schwer | 52 km | 700 Hm | 4.30 Std.

Tourencharakter
Rundtour auf geteerten und ungeteerten Radwegen und wenig befahrenen Nebenstraßen. Allgemein etwas hügelig. Die Auffahrt auf den Auerberg ist definitiv lang, eine Bergfahrt. Sie kann jedoch ausgelassen werden, dafür bleibt man in Bernbeuren am Marktplatz geradeaus, folgt der Burgstraße und biegt am Ortsende dann rechts in den Weg nach Lechbruck ab.

Ausgangs-/Endpunkt
Altenstadt Basilika

GPS
47.8223, 10.8726

E-Ladestation
Schongau: vor dem Rathaus; Lechbruck: Flößer Golf Kiosk neben dem Rathaus

Anfahrt
Bahn: Mit der Bahn von München nach Schongau und die Radtour dann von dort beginnen
Pkw: Schongau liegt südlich von Landsberg am Lech und ist über die B 16 gut erreichbar.

Information
www.schongau.de

Bei dieser Tour prüfen wir die Leistung unserer Akkus und unsere Kondition auf Herz und Nieren. Denn zur Eroberung des Auerbergs steht uns eine »Wadelzwicker-Auffahrt« bevor, die man ohne Zusatzanschub wohl kaum meistern könnte. Dafür wird man mit einer der schönsten Aussichtslogen Bayerns belohnt.

Nach Burggen Wir starten in Altenstadt direkt an der romanischen Basilika, deren Besichtigung wir entweder gleich oder nach der Tour absolvieren. Wir schwingen uns auf die Räder und folgen der Beschilderung nach Burggen in Richtung Schwabbruck. So verlassen wir Altenstadt auf der Triebstraße und passieren die Schule. Gleich dahinter weckt ein auffälliges, frei stehendes Bahnsignal unser Interesse. Es weist auf die ehemalige Bahnstrecke nach Kaufbeuren hin. Wir folgen jedoch

Haslacher See mit dem Auerberg

nicht der einstigen Bahntrasse, sondern wählen den Radweg links davon. Er führt uns über die Felder zu einer Kreuzung. Hier biegen wir links ab, das Radwegschild nach Burggen weist uns den Weg. In die einsam stehende Kapelle mit der Sonnenuhr, auf die wir bald treffen, werfen wir einen Blick. Die Schöpfungskapelle ist sehr eigen in Blautönen ausgemalt. Danach unterqueren wir die B472, radeln durch ein Waldstück und queren noch eine größere Straße. Über Felder und mit herrlicher Aussicht auf die Berge geht es so nach Burggen. Wer möchte, besucht die barocke Pfarrkirche St. Stephan. Neben dem Hochaltar wurden die zwei großen Skulpturen, Hl. Afra und Hl. Ulrich, von keinem Geringeren als Anton Sturm, dem großen Bildhauer der berühmten Wieskirche, gestaltet. Neben der Hauptkirche lohnt sich auch der Besuch der kleinen St.-Anna-Kirche, die jedoch etwas außerhalb des Orts liegt.

Auf Spuren der Römer im Bernbeurer Auerbergmuseum

Zum Auerberg mit Badefreuden Für die Weiterfahrt folgen wir unterhalb der Stephanskirche der Beschilderung nach Bernbeuren. Wieder geht es mit bester Sicht auf die Berge in Richtung Süden, bis wir kurz vor Bernbeuren den Haslacher See erreichen. Das Badegelände mit seinem Steg und dem Kiosk verlockt zu einer Pause, und wer im Sommer seine Badesachen dabeihat, hüpft das erste Mal ins Wasser. Ansonsten folgen wir dem Radweg parallel zur Autostraße und erreichen einige Minuten später Bernbeuren. Der Ort liegt am Fuße des Auerbergs, der schon zu römischer Zeit besiedelt war. So ist auch das Auerbergmuseum

Genussvoll ist die Aussicht vom Auerberg.

im Kiebelehaus, das von der Ortsgeschichte erzählt, eine Besichtigung wert (Mitte April–Mitte Oktober Sa, So & Feiertage 14–16 Uhr). In der Ortsmitte am Marktplatz treffen wir dann eine Entscheidung: Fühlen wir uns der Herausforderung gewachsen und erobern den Auerberg? Mit dem E-Bike und gut geladenen Akkus kein Problem. Dafür folgen wir einfach rechts der durchwegs geteerten Auerbergstraße bis ganz hinauf zur Wallfahrtskirche und dem Gasthaus.

Der Auerberg ist ein beliebtes Ausflugsziel. Die Auffahrt lohnt sich sowohl für eine Einkehr als auch für die Besichtigung der alten Georgskirche. Dort finden wir einen Zugang auf den Turm. Die Aussicht auf die Alpenkette und ins Alpenvorland ist einzigartig. Das Gasthaus unterhalb davon ist weithin berühmt für seine Küche und die hauseigene Konditorei.

Abwärts Vom Auerberg radeln wir zunächst vorsichtig, mit den Fingern auf der Bremse, ein Stück die gleiche Strecke bergab, die wir vorher so mühsam nach oben gefahren sind.

In Lechbruck gibt es an der Flößer-Ablegestelle einen schönen Badeplatz.

An der Stelle, an der links die Straße nach Stötten abzweigt, biegen wir anschließend rechts ein und halten uns dann an der Weggabelung links weiter bergab, bis unsere kleinere Straße in eine größere mündet. Auf ihr geht es nach links weiter und wir radeln damit ein Stück in Richtung Bernbeuren zurück. Doch kurz bevor wir die ersten Häuser des Orts erreichen, biegen wir scharf rechts ab und folgen nun der Radwegbeschilderung nach Lechbruck.

Altenstadt

Altenstadt hat seinen Namen nicht von ungefähr: Hier stand das alte Schongau, bis es im 13. Jahrhundert an den Lech verlegt wurde. Vor allem die romanische Basilika aus der Zeit um 1200 ist durch ihre ergreifende Schlichtheit wunderschön. Seltenheitswert hat die Darstellung des großen Chorbogenkreuzes. Sie zeigt Christus nicht als Leidenden, sondern als König mit Goldreif.

Das neue, heutige Schongau wurde auf die Halbinsel verlegt, die vom Lech umflossen war. Damit wollte man den Lechübergang der wichtigen Salzstraße zwischen Reichenhall und Kempten kontrollieren. Der Lech fließt inzwischen an der Stadt vorbei, aber die sehr hübsche, fast völlig von einer intakten Stadtmauer umgebene Altstadt ist erhalten geblieben. Einige der Wehrgänge und Stadttore kann man besichtigen. Sehr schön ist auch das frei stehende Ballenhaus am Marienplatz. Es diente einst als Warenlager, heute ist darin das Rathaus.

An Allgäus Rande Im Zickzack geht es über Felder vorbei an den Bauernhäusern Wieshof, Angerhof und Vogelegg, bis wir auf eine größere Vorfahrtsstraße treffen. Ihr folgen wir nach rechts und gelangen nach Echterschwang. Dort biegen wir an der zweiten Möglichkeit links ab. Am Ende des Dorfs geht es rechts über ein Golfplatzgelände, am Wegedreieck links und noch vor dem Parkplatz wieder rechts in den Wald. So kommen wir anschließend nach Lechbruck in der Auerbergstraße. Wir biegen in die Straße Brandach links ein und fahren danach rechts die Untere Dorfstraße. Nun sind wir auf dem Radweg Via Claudia Augusta unterwegs. Wir queren die größere Schongauer Straße (Abstecher zum Café Zur Alten Schule, Schongauer Straße 1) und radeln geradeaus weiter in die Lechwiesenstraße. Hier lohnt sich ein weiterer Stopp für eine Rast oder eine Badepause – einfach nach rechts über die Brücke zur Floßlände mit ihrem kleinen Kiosk, nebst Bootsverleih und Erholungsgelände.

Via Claudia Auf der Lechwiesenstraße geht es nun stets in Flussnähe entlang des Lechs. Wir folgen dem Verlauf der einstigen Via Claudia, der berühmten Römerstraße, die der römische Kaiser Claudius vor fast 2000 Jahren auf einer Länge von 517 Kilometern von Verona über Bozen und Füssen nach Augsburg bauen ließ. Neben uns blitzt immer wieder das blaue Wasser des Lechs auf. Nach dem Gut Dessau wendet sich der Weg vom Fluss ab und wir erreichen wieder Burggen. Zunächst geht es durch das Dorf und die Schwarzeckstraße auf bekanntem Hinweg zurück, dann bleiben wir geradeaus und folgen der Beschilderung nach Schongau durch den Wald. Nach der Überquerung der B 17 haben wir die Möglichkeit, uns eine Erfrischung an der Milchtankstelle

Die Brücke führt über den Gruberbach, kurz bevor er sich bei Lechbruck mit dem Lech vereint.

des Biohofs Jocher zu gönnen. Gleich danach treffen wir an der großen Marktoberdorfer Straße im Gewerbegebiet Römerstraße auf den Ortsrand von Schongau.

Ein Abstecher nach rechts in die hübsche Altstadt ist sehr lohnenswert und absolut zu empfehlen. In die Altstadt geht es aber noch einmal bergauf – etwas Akkuleistung sollten wir dafür noch übrig haben. Ansonsten queren wir für die Rückfahrt nach Altenstadt die Straße und radeln hinter dem Fast-Food-Restaurant der Beschilderung folgend zunächst durch das Gewerbegebiet und danach auf der Sonnenstraße nach Altenstadt. Dort biegen wir links in die St.-Michael-Straße ein, die uns schließlich zur Basilika zurückbringt.

Einkehrtipps

Unterwegs gibt es leider nicht viele Möglichkeiten zur Einkehr. Oben auf dem Auerberg liegt der Panorama Gasthof, in Lechbruck gibt es das nette Café Zur Alten Schule. Leider haben viele der anderen Dorfgastwirte, die an der Strecke liegen, meist nur noch am Wochenende über Mittag geöffnet. Es lohnt sich also, eine eigene Brotzeit dabei zu haben. Mit den Paradeplätzen am Auerberg oder dem Rastplatz am Lechstausee haben wir sowieso die besten Logenplätze für ein Picknick.

8 Um den Forggensee

Der Klassiker

leicht | 34 km | 300 Hm | 3.30 Std.

Tourencharakter
Hügelige und sehr sonnige Rundtour größtenteils auf Rad- und Feldwegen und kleinen Nebenstraßen. Einige Anstiege sind zu meistern. Am Wochenende stark frequentiert. Badesachen nicht vergessen!

Ausgangs-/Endpunkt
Füssen, Bahnhof

GPS
47.570517, 10.696834

E-Ladestation
Bad Kohlgrub: am Eingang zum Kurpark neben der Tourist-Information; Bad Bayersoien: am See

Anfahrt
Bahn: Mit der Bahn zum Bahnhof Füssen
Pkw: Auf der A7Ausfahrt Füssen oder über die B16 nach Füssen. Wenige Parkplätze am Bahnhof, am besten am Eisstadion in der Kemptner Straße parken

Information
www.fuessen.de

Der Forggensee ist zusammen mit den Allgäuer Bergen das prägende Bild dieses Radtourenklassikers. Dazu kommen die vielen grünen Höhenrücken, die Drumlin genannt werden. Zusammen mit dem Glitzern des Wassers sorgt diese einzigartige Prachtkulisse für jede Menge Glücksmomente.

Füssen und der Lech Wir wollen den Forggensee gegen den Uhrzeigersinn umrunden. Das hat den Vorteil, dass die Einkehrmöglichkeiten in der zweiten Hälfte der Runde liegen. Aber sicherlich ist die andere Richtung auch möglich. Wir starten am Bahnhof in Füssen und radeln auf der Bahnhofstraße nach Osten in Richtung Altstadt. Am großen Kreisverkehr geht es geradeaus in die Straße am Kaiser-Maximilian-Platz, die dann zur Sebastianstraße wird. So passieren wir die Altstadt, deren Besichtigung wir auf das Ende der Tour verschieben. An der alten Stadtmauer beginnt ein Radweg zum Lech. Dort fahren wir nicht über den

Es gibt zahlreiche Rastplätze rund um den See, der jedoch, je nach Jahreszeit, auch einen niedrigen Wasserstand haben kann.

Segelboote vor Füssen mit den Allgäuer Alpen

Lechsteg, sondern unterqueren die große Autostraße nach links und radeln minimal lechabwärts zum Stauwerk. Hier überqueren wir den Lech und biegen dann links in den Forchenweg ein. Nun geht es stets der Radwegbeschilderung »Forggenseerunde« bzw. »Waltenhofen« nach.

Ostufer Über Horn erreichen wir Waltenhofen und das Ostufer des Sees. Direkt nach Waltenhofen teilt sich der Weg. Ganz links, der schönste Weg, der direkt am Ufer entlangführt, ist leider nur für Fußgänger freigegeben. Ansonsten können wir einen der beiden anderen wählen, sie führen beide nach Brunnen, wo wir dann rechts abbiegen. Ein letzter Blick zurück zum Schloss Neuschwanstein lohnt sich, dann radeln wir links über die Mühlberger Ach und damit weiter gegen Norden. Jetzt wird es hügelig und unser Radweg steigt an. Die Blumenwiesen rechts und links von uns entschädigen uns für die Mühe und zum Glück haben wir ja E-Unterstützung. Eine erste Pause gönnen wir

Füssen

Füssen gehört unbedingt besichtigt. Vor 2000 Jahren war die Stadt ein Militärlager, mit dem die Römer vom Schlossberg aus ihre Via Claudia Augusta, die wichtigste Handelsstraße zwischen Nord und Süd, kontrollierten. Und diese Via Claudia gibt es in Füssen heute noch. Es ist die Reichenstraße, das Zentrum und die gute Stube der Stadt. Sie liegt unter dem Hohen Schloss, das sich die Augsburger Ende des 15. Jahrhunderts gebaut hatten. Heute beherbergt es ein Zweigmuseum der Bayerischen Staatsgemäldesammlung. Sehenswert ist außerdem das alte Kloster St. Mang, das in seinen Wurzeln bis in die Zeit um 750 zurückreicht.

uns am idyllischen Hegratsrieder See. Er lädt zum Baden ein, aber auch dazu, einen genaueren Blick auf seine artenreichen und geschützten Uferbereiche zu werfen. Gerade am nördlichen Ende, wo der kleine Bach in den See mäandert, wachsen im Frühjahr unendlich viele Mehlprimeln, Enziane und Sumpfdotterblumen. Ein Biotop auf kleinstem Raum. Da fällt es schwer, Abschied zu nehmen, aber weiter geht es nach Norden, dabei werden unser Akku und unsere Muskeln noch einmal strapaziert. Aufwärts geht es über Greith, bis wir an die große Straße bei Rauhenbichl stoßen. Die Anstrengung wird uns jedoch mit immensen Ausblicken versüßt, so schön, dass wir uns sogar richtig Zeit lassen.

Nordspange am Illasbergsee In Rauhenbichl folgen wir dem Radweg nach links. Gleich hinter Kniebis heißt es bremsen, denn wir rollen die vorher gewonnenen Höhenmeter mit gewaltigem Schwung wieder abwärts und erreichen so den Illasbergsee. Der See ist eigentlich nur eine Bucht, der durch eine Engstelle mit dem Forggensee verbunden ist. Das große Badegelände mit Liegewiesen und Kiosk zeigen, wie gut man hier im Sommer ins Wasser springen kann. Dahinter steigt der Radweg wieder an und wir erreichen einen der schönsten Aussichtspunkte am Forggensee. Rund um den Panorama-Stadl blickt man über das Wasser auf die nahen Allgäuer Berge und fühlt sich wahrlich königlich. Wir reißen uns los und rollen hinunter zum Kraftwerk Roßhaupten, wo der Lech den Forggensee wieder verlässt. Vorbei an den Römerstelen, die auf die alte römische Straße Via Claudia aufmerksam machen, geht es an den Ortsrand von Roßhaupten.

Westufer Noch vor der großen B16 biegen wir links in den Radweg ein, der uns nun in südlicher Richtung zurückführt. Bald queren wir auf der Tiefentalbrücke den Bernmoosbach, auch Drachenschlucht genannt. Kurz nach der Brücke radeln wir links, wir wollen nicht der B16 auf dem Radweg folgen, sondern näher am Wasser fahren. So erreichen wir den netten Weiler Dietringen.

Die idyllische Kapelle von Hegratsried ziert so manchen Bayernkalender.

Über Wiesen fahren wir weiter nach Süden, wobei wir den See etwas verlassen und uns an der Weggabelung rechts halten. An der T-Kreuzung geht es aber schon wieder links und gleich wieder rechts. Als nächstes erreichen wir Osterreinen und sind, wenn wir aus dem Ort radeln, wieder in Seenähe. Abwärts geht es hinunter zum Café Maria, das sich gut für eine Einkehr lohnt. Der nächste Wegabschnitt ist dann besonders malerisch und für unseren Geschmack erreichen wir die ersten Häuser in Ehrwang viel zu schnell. Mit einem Schlenker unter der Autostraße hindurch besuchen wir das große Festspielhaus Neuschwanstein. Am Ende der großen Parkanlage halten wir uns links und fahren dann in der langen Weidachstraße, die ganz zum Schluss zur Hochstiftstraße wird, nach Füssen hinein. Wir erreichen die Altstadt wieder an der Stadtmauer, nach rechts geht es zum Bahnhof zurück. Zuvor lohnt es sich, die Räder abzustellen und durch die Gassen zu bummeln. Füssen besitzt ein ganz eigenes Flair mit einem äußerst quirligen Zentrum.

Einkehrtipps

Sehr gut isst man in Waltenhofen im Gasthof am See. Aussichtsreich sind der Panorama-Stadl über dem Illasbergsee oder das Café Maria, das direkt am Westufer gegen Ende der Tour am Wasser liegt.

9 Von Bad Kohlgrub zur Wieskirche

Am Fuße des Ammergebirges

mittel | 50 km | 450 Hm | 4 Std.

Tourencharakter
Eine Tour meist auf Feldwegen und Radwegen. Die Beschaffenheit des Untergrunds ist sehr unterschiedlich und erfordert einiges Geschick. Wiesenpfade und steinige Pfade, auf denen man mal schieben muss, kommen ebenfalls vor. Dazwischen kurze und sogar ein knackiger Anstieg. Etwas Orientierung ist gefragt, denn wir verlassen manchmal bewusst den ausgeschilderten Radweg. Dafür begleitet uns nur ganz wenig Straßenverkehr. Eine Bachquerung an einer seichten Furt ist nötig, nach Hochwasser ist das aber nicht möglich.

Ausgangs-/Endpunkt
Bad Kohlgrub, Bahnhof

GPS
47.667901, 11.057278

E-Ladestation
Bad Kohlgrub: am Eingang zum Kurpark neben der Tourist-Information; Bad Bayersoien: am See

Anfahrt
Bahn: Mit der Bahn von München über Murnau nach Bad Kohlgrub
Pkw: A95, Ausfahrt Murnau, weiter nach Bad Kohlgrub. Im Ort mehrere Parkplätze, sehr guter Parkplatz in der Erlestraße P1

Information
www.ammergauer-alpen.de

Links und rechts der Ammer liegen kleine Moorgebiete, sanfte Moränenhügel und einsame Wälder. Das ist umso erstaunlicher, denn auf dem Weg zur berühmten Wieskirche würde man mehr Rummel vermuten. Die Gegend liebte schon König Ludwig II., der für seine Rückzugsorte bekannt wurde.

Moorbaden in Bad Bayersoien Wir beginnen unsere Radtour am Bahnhof in Bad Kohlgrub und radeln auf der Bahnhofstraße zur großen Hauptstraße, der wir nach rechts durch den Ort folgen. In der Rechtskurve passieren wir die Kirche und ein kurzes Stück später verlassen wir die Hauptstraße nach rechts in die St.-Rochus-Straße. Sie bringt uns zu den Bahngleisen, die wir queren, um gleich danach links zur Kapelle St. Rochus einzubiegen. Die Kapelle ist dem Pestheiligen Rochus geweiht, das erklärt die Lage

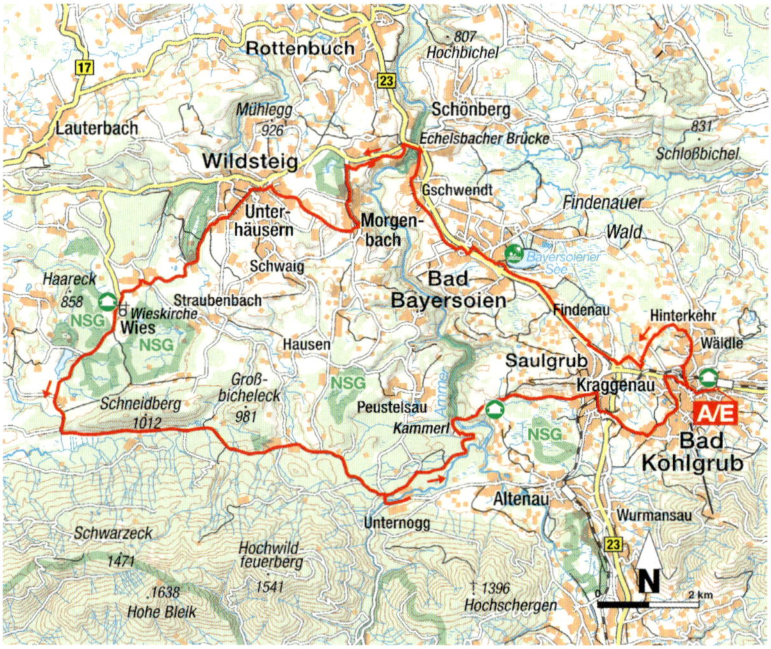

Die Lüftlmalerei am ehemaligen Bauernhaus in Bad Kohlgrub stammt von Franz Zwinck und wurde 1791 angebracht. Heute befindet sich dort das Heimatmuseum.

etwas außerhalb des Orts. An dem kleinen Gotteshaus biegen wir rechts ein und bleiben dann an der Wegverzweigung links, weiter in Fahrtrichtung. An der nächsten Weggabelung folgen wir der Radwegbeschilderung nach links, aber wenige Pedalumdrehungen später verlassen wir die Radwegbeschilderung und halten uns erneut links. So erreichen wir Hinterkehr. Zwischen den ersten Häusern radeln wir durch, beim letzten Bauernhof werden wir in einer Linkskurve um die Stallungen geführt. Dahinter geht es auf einem Feldweg aufwärts. Mit schönster Aussicht auf die nahen Ammergauer Alpen radeln wir genussreich ein Stück in südlicher Richtung. Bevor wir die große Umgehungsstraße erreichen, biegen wir rechts in den Feldweg ein, nun ist Bad Bayersoien nur mit einem gelben Wanderschild markiert. Der Feldweg wird schließlich zu einem kleinen Wiesenpfad, der bergab über den Mühlbach führt. Kurz nach der einsamen Saulgrubmühle sind wir jedoch schon wieder auf einem breiteren Weg unterwegs, der uns zur großen B23 leitet. Nach rechts geht es auf einem Radweg

Ammer

Die Ammer entspringt unweit von Oberammergau aus mehreren Quellen im Ettaler Weidmoos. Mehrere Bäche bilden rasch den Fluss, der an Ober- und Unterammergau vorbei seinen Lauf in nördlicher Richtung zum Ammersee nimmt. Schon kurz hinter Altenau zwängt sich die Ammer in eine Schlucht, die hohe und steile Uferwände hinterlassen hat. Zum Glück für uns Radler erleichtert die Echselsbachbrücke die Querung, sodass wir nicht zu viele Höhenmeter bewältigen müssen. Übrigens ändert die Ammer nach dem Ammersee ihren Namen und wird zur Amper. Ihr Ende findet sie in Moosburg nördlich von München, wo sie sich mit der Isar vereint.

(Schild »Bad Bayersoien«) weiter. An der nächsten Brücke bleiben wir auf unserer ursprünglichen Seite. Der Weg wird kurz zu einem Pfad, aber gleich darauf sind wir schon wieder auf einem geteerten landwirtschaftlichen Weg unterwegs, der uns mit schöner Aussicht zum Bayersoiener See und in den gleichnamigen Ort bringt. Ein Abstecher zum Seeufer lohnt sich immer, vor allem im Sommer, um im gesunden Moorwasser zu baden.

Über die Ammerschlucht Durch Bad Bayersoien geht es auf der Hauptstraße weiter. Wir passieren das Museum im Bierlinghaus und biegen dann am Marienbrunnen links in die Ludwigstraße (Schild »Rottenbuch«) ab. Auf der anderen Seite der B23 halten wir uns rechts und radeln der Radwegbeschilderung folgend durch Gschwendt mit seiner hübschen Holzkapelle und durch Echelsbach, das der großen Brücke über die Ammer ihren Namen gegeben hat. Dahinter geht es noch einmal über ein Feld und am nächsten Bauernhof führt der Radweg links an diesem vorbei in einer Schleife hinauf zur Echelsbacher Brücke. Schon auf diesem kurzen Streckenabschnitt können wir tief unten die Ammerschlucht und ihre Steilwände sehen. Wenn wir über die Brücke schieben, wird dieser Tiefblick noch viel besser. Es gibt zum Glück einen schmalen Brückenbereich, der den Fußgängern und Radfahrern vorbehalten ist. So können wir in Ruhe anhalten und auf die wild fließende Ammer blicken.

Versteckte Wege nach Wildsteig Am großen Kreisverkehr auf der anderen Seite ignorieren wir wieder einmal das Radwegschild, denn wir wollen nicht entlang der viel befahrenen Straße nach Wildsteig radeln. Stattdessen biegen wir ganz nach links in den Schleifmühlenweg ein und rollen durch die Bauernhöfe von Berg. An der nächsten Weggabelung folgen wir links den Wanderhinweisschildern nach Wildsteig. Durch ein kleines Waldstück, vorbei an zwei einsamen Häusern, queren wir in der Kurve einen Bach und schon geht es wieder aufwärts auf eine Wiese. Dort teilt sich der Weg – jetzt schalten wir die Gänge runter und die Akkuleistung nach oben. Wir halten uns rechts und folgen dem sehr holprigen Feldweg aufwärts. Auf ihm erreichen wir

Einkehrtipps

An der Wieskirche gibt es gleich zwei ausgezeichnete Gaststätten: Gasthof Moser und Gasthof Schweiger. Außerdem findet man bei Saulgrub das Gut Acheleschweig.

Der Bad Bayersoiener See ist naturbelassen und erwärmt sich dank seines Moorwassers schnell.

die kleine Landstraße am Schwaigsee. Der Moorweiher eignet sich ebenfalls für eine Badepause, im Sommer gibt es sogar einen Kiosk, perfekt für ein Eis, kleine Gerichte oder ein erfrischendes, kühles Getränk. Weiter geht es auf dieser Landstraße nach links. Wir erreichen Morgenbach und biegen nach dem Gasthof Mühlegger rechts ein. Nun folgen wir der Radwegbeschilderung nach Wildsteig über die Felder.

Durch das Moor zur Wieskirche In Wildsteig halten wir uns nun immer an die Beschilderung zur Wieskirche. Dafür biegen wir am Ortsanfang links ein, sausen auf der Riedstraße abwärts, nur um anschließend scharf links die steile Kirchbergstraße wieder hinaufzuradeln. An der Gemeindeverwaltung bleiben wir geradeaus und rollen schon wieder abwärts, wobei wir uns im Ortsteil Holz etwas rechts halten müssen. So passieren wir die sehr hübsche kleine Kirche von Holz, für die es sich übrigens lohnt, kurz abzusteigen. Sie ist wunderschön geschmückt, besonders bezaubernd finden wir auf dem Deckengemälde die kleine Taube, die von einer Weintraube nascht. Kurz nach der Kapelle halten wir noch einmal an, um das schöne Panorama auf das Moor zu genießen, in dem die Stillach so wild mäandert. Nun dauert es nicht mehr lange und die Radwegbeschilderung lotst uns im Zickzack durch die Feuchtwiesen, bis völlig unvermittelt hinter dem Weiler Schwarzenbach die prächtige Wieskirche auftaucht. Für die Besichtigung des Gotteshauses – übrigens ein UNESCO-Welterbe – sollte man sich wirklich Zeit nehmen. Die Kirche ist komplett im Stil des Rokokos ausgeschmückt und ein Gesamtkunstwerk der besten Künstler aus dieser Epoche. Zu nennen wären die Brüder Johann Baptist und Dominikus Zimmermann als Architekten, Stuckateure und Freskenmaler sowie der Bildhauer Anton Sturm.

Waldwege auf der Königsstraße Nach der Wieskirche radeln wir auf der kleinen Straße in südlicher Richtung weiter (Radwegschild »Resle«). Bald geht es in den Wald, an einer Lichtung halten wir uns links und passieren die Bauernhöfe von Resle. Wieder im Wald treffen wir dann kurz darauf auf die quer verlaufende Königsstraße, in die wir links einbiegen (Schild »Altenau«). Die Königsstraße verbindet Altenau und Trauchgau und hat ihren Namen von König Ludwig II., dem Märchenkönig, erhalten. Ihm gehörte ein kleines Jagdhaus in dem Gebiet, das er gerne besuchte. Außerdem fuhr er auf dieser Straße mit seiner Kutsche von München nach Neuschwanstein beziehungsweise Hohenschwangau. Für uns ist die Königsstraße wirklich geradezu majestätisch. Völlig still ist es in dem weit abgelegenen Wald mit seinem artenreichen Baumbestand. Über den seichten Lähnbach mit seinem Geröll schieben wir hinüber. Der Untergrund ist jedoch gut befestigt, sodass wir nicht einmal die Schuhe ausziehen müssen. Dann erreichen wir einen kleinen Wanderparkplatz an einem Wegedreieck, unweit der Halbammer und des Forsthauses Unternogg – Letzteres ist bekannt, da es viele Jahre eine beliebte Einkehrmöglichkeit war. Außerdem übernachtete in dem historischen Gebäude König Ludwig II. mehrmals auf seinen Ausflügen in die Berge. Anstatt zum Forsthaus zu radeln, verlassen wir erneut den offiziellen Radweg und biegen für wenige Meter nach rechts in Richtung Altenau/Forsthaus, nur um gleich wieder links in den nächsten Forstweg einzubiegen (verbeultes Wanderschild »Kammerl«).

Historisches E-Werk, Scheibum und Saulgrub Wieder sind wir völlig einsam im Wald unterwegs. Im leichten Auf und Ab und über einige Kurven erreichen wir den Kanal, in dem das Wasser aus der Halbammer zum Kraftwerk Kammerl geleitet wird. Wir queren den Kanal und folgen links dem Feldweg zum historischen Kraftwerk an der Ammer, das ab 1905 die Ammergaubahn von Murnau nach Oberammergau mit Strom versorgte. 2013 wurde es stillgelegt, aber ein Neubau soll sehr viel höhere Leistung liefern. Gleich danach queren wir die Ammer. Die Sandbänke sind ideale Rastplätze, wir beobachten viele Kajakfahrer, die vor der Ammerschlucht noch einmal Pause machen.

Die Wieskirche gehört zu den geschützten Denkmälern des UNESCO-Weltkulturerbes.

Das Gebiet an der Ammerbrücke wird Scheibum genannt. Der Name stammt von den scheibenförmigen Vertiefungen, die Steine durch Wasserwirbel in den Untergrund gefräst haben. Wer den großen Felsdurchbruch sehen möchte, muss die Räder stehen lassen und etwas flussabwärts wandern. Wohl dem, der jetzt eine Pause eingelegt und noch genügend Energie im Akku hat, denn von der Brücke geht es nun auf der Straße sehr steil bergauf zum Gut Acheleschwaig. Wer Hunger hat, kann dort das Wirtshaus Acheleschwaig besuchen. An der Kapelle folgen wir der kleinen Straße nach rechts und kommen fast eben am Rand der großen Gschwenderfilz vorbei nach Saulgrub hinein.

Über Kraggenau An der großen Hauptstraße in Saulgrub widersetzen wir uns erneut der Radwegbeschilderung nach Bad Kohlgrub und radeln stattdessen nach rechts. Wir queren die Gleise und biegen dann links in die Kraggenauer Straße ein, jetzt ist Bad Kohlgrub wieder ausgeschildert. Zunächst aufwärts radeln wir über den Tunnel der Umgehungsstraße und erreichen Kraggenau mit seinen schönen Bauernhäusern. Dort biegen wir links ein und halten uns nach dem Ort an der Weggabelung rechts. Mit einem letzten Bergauf für heute erreichen wir aussichtsreich die ersten Häuser von Bad Kohlgrub im Ortsteil Linden. Nach links, an der evangelischen Kirche vorbei, bringt uns die Badstraße wieder zur Hauptstraße im Ort. Nun nur noch nach rechts und wir erreichen auf ihr bald unseren Hinweg und somit unseren Ausgangspunkt.

10 Große Staffelseerunde

Im Land der Blauen Reiter

mittel 42 km 600 Hm 4 Std.

Tourencharakter
Eine Tour größtenteils auf ungeteerten Radwegen, die man zum Teil etwas vorsichtiger radeln sollte. Die Tour führt nur über wenige Nebenstraßen. In der Hälfte kräftige Steigung zum Sonnenbichel. Dorthinauf führt nur ein Wiesenpfad. Es gibt zwei steile Abfahrten, die behutsam gefahren werden müssen. Zwischendurch kommen einige Höhenmeter zusammen. Badesachen nicht vergessen!

Ausgangs-/Endpunkt
Murnau, Bahnhof

GPS
47.682449, 11.193256

E-Ladestation
Murnau: Oberland Sports in der Petersgasse während der Öffnungszeiten, dort kann man auch ein E-Bike ausleihen. Uffing: im Seerestaurant Alpenblick. Mit einem Abstecher in Seehausen: Gasthaus Stern

Anfahrt
Bahn: Mit der Bahn nach Murnau
Pkw: Auf der A95 Ausfahrt Murnau. Parkplätze direkt am Bahnhof von Murnau

Information
www.murnau.de

Der Staffelsee bei Murnau war Mittelpunkt der Künstlergruppe der Blauen Reiter rund um Wassily Kandinsky und Gabriele Münter, die hier einige ihrer schönsten Motive fanden. Bis heute übt der See seine Anziehungskraft aus und gehört zum Feinsten, was das Voralpenland so zu bieten hat.

Der Staffelsee und seine Inseln Wir beginnen unsere Radtour am Bahnhof in Murnau und radeln in südlicher Richtung an der Bahnstation vorbei. Am Ende des Parkplatzes beginnt ein Radweg (Schild »Staffelsee«), zuerst parallel zu den Gleisen und dann rechts, durch die Bahnunterführung bergabwärts. Vorsicht, der Weg ist steil und kurvig. Bei Gegenverkehr sollten wir schieben. Unten angekommen, halten wir uns links, und radeln in der Seewaldstraße am See entlang. Unsere Straße wird rasch ein ungeteerter autofreier Weg, so lässt sich das Seeufer herrlich ruhig genießen. Auf dieser ebenen Strecke werden unsere Akkus definitiv nicht gefordert. Wir passieren die Insel Wörth und die zwei kleinen Inseln Große und Kleine Birke. Insgesamt gibt es sieben Inseln im Staffelsee. Die Insel Wörth ist die größte und geschichtsträchtigste. Bei Ausgrabungen entdeckte man Funde aus der Bronzezeit und von den Kelten. Selbst den Römern gefiel der See. Vielleicht nicht so sehr wegen der lieblichen Landschaft, sondern aus strategischen Gründen, denn sie errichteten auf Wörth eine Befestigungsanlage. Um 740 entstand darauf ein Kloster, dass sich zwar 400 Jahre später wieder auflöste, die Kirche hat jedoch bis heute Bestand.

Wir radeln das ganze Südufer entlang und dann geradeaus ins Moor hinein. Jetzt sind wir im streng geschützten Naturschutzgebiet des Obernacher Moors unterwegs. Der Weg wendet sich nach rechts, ab hier ist er nur für Fußgänger freigegeben. Aber es ist kein Problem, ein kurzes Stück zu schieben, denn so können wir die Natur umso mehr genießen. Im Frühjahr blühen die Moorwiesen üppig mit lila Knabenkraut, Sumpfdotterblumen,

blauer Iris, Schlangenknöterich und Wollgras. Dazwischen steht immer wieder das schöne Läusekraut, das ganz zu Unrecht seinen Namen trägt. Im Spätsommer wuchern Blutweiderich und Mädesüß hüfthoch. All das würden wir nicht sehen, wenn wir schnell daran vorbeiflitzen. Es versteht sich von selbst, dass wir auf dem Weg bleiben. Wir überqueren den kleinen Kühbach mit seinen dunklen Mooraugen und kommen an eine Weggabelung,

Fast am Ende der Runde kann man im Biergarten bei Uffing im Gasthof Alpenblick einkehren.

Die schönste Aussicht hat man vom Jägerdenkmal am Sonnenbichel, dorthin gelangt man jedoch nur zu Fuß.

an der wir uns rechts halten. Gleich darauf queren wir den größeren Bach Ach und folgen weiter dem Feldweg bis zur geteerten Straße. Für eine kurze Staffelseeumrundung würden wir rechts abbiegen. Wir jedoch wollen noch weiter bis Bad Bayersoien und zum Sonnenbichel und deswegen geht es für uns nach links.

Durch den Wald Wieder im Sattel, passieren wir den Bauernhof Obernach und dann geht es in den Wald hinein. Die Luft schmeckt ganz sauber und wir freuen uns über den mit dickem Moos bewachsenen Waldboden. Abwechslungsreich passieren wir dichten Jungwald und kerzengerade lange Baumriesen. Dazwischen liegen einige Wiesen, die schon fast Almflächen gleichen. Wir folgen nun zunächst der Beschilderung nach Bad Kohlgrub, dafür müssen wir an der T-Kreuzung nach links. Aber schon nach wenigen Hundert Metern biegen wir rechts ein und folgen immer der Radwegbeschilderung nach Bad Bayersoien. Am Wegedreieck geht es links und dann folgen wir bald rechts der Radwegbeschilderung, die uns zu einer kleinen Straße führt. Auf ihr geht es nun im leichten Auf und Ab nach links und an der Kapelle von Kirmesau verlassen wir den Wald.

Einkehrtipps

Unterwegs gibt es ein begnadetes Panoramaplatzerl auf dem Sonnenbichel. Dafür lohnt es sich, kulinarisch vorzusorgen und eine Brotzeit mitzunehmen. Für die Einkehr gibt es in Uffing das Strandcafé Alpenblick. Es liegt direkt an der Strecke und hat einen sonnigen Biergarten mit Aussichtsterrasse. In der Murnauer Marktstraße sorgt man sich vielseitig um Leib und Magen: von der italienischen Eisdiele, kultigen Lounge bis zum traditionellen Wirtshaus oder dem klassischen Kaffeehaus ist die Auswahl groß.

Bad Bayersoien und sein See Am Wegedreieck von Kirmesau wird später unser Radweg nach rechts weiterführen. Vorher lohnt es sich jedoch, der Straße in Fahrtrichtung zu folgen, um noch den Bad Bayersoiener See zu besuchen. In der Höhe des Parkhotels können

wir die Räder abstellen und die wenigen Meter zu Fuß auf einem Pfad über die Feuchtwiesen zum See wandern. Der Soier See, wie ihn die Einheimischen nennen, ist ein echtes Naturjuwel. Fast völlig von Moorflächen eingerahmt, gibt es einen wunderbaren Uferweg, der an vielen Ruhezonen vorbeiführt und dabei auch die eine oder andere Badestelle nicht auslässt. Im Sommer eine herrliche Gelegenheit, seine Badesachen auszupacken. Zurück geht es dann bis zum Wegedreieck in Kirmesau und nun links der Straße nach (Radwegschild »Schönberg«).

Herrlich ist das Naturschutzgebiet westlich des Staffelsees.

Aufwärts zum Sonnenbichel Nach dem letzten Bauernhof wendet sich der Radweg am Waldrand nach links und führt in einer Rechtskurve in den Wald. Im leichten Auf und Ab folgen wir dem Hauptweg und erreichen die Ach. Es gibt eine Furt und zum Glück auch eine kleine schmale Brücke, über die wir unsere Räder vorsichtig hinüberschieben. Auf der anderen Seite schalten wir die Gänge runter und den Akku nach oben, denn der Weg steigt kräftig an. Die erste Abzweigung nach rechts (Kropfleitenrundweg) lassen wir unberücksichtigt. Erst an der zweiten Abzweigung verlassen wir den offiziellen Radweg und biegen rechts ein (Schild »Aussicht Sonnenbichel«). Immer weiter leicht aufwärts geht es auf einem herrlichen Panoramasträßchen vorbei an den Höfen von Sonnenbichel. Die Sicht reicht weit über

Lüftlmalerei am Gasthaus Lieberwirth in Schöffau

das Achtal auf die Berge rund um Ammergau: ein Streckenabschnitt zum Genießen! Nach den Häusern radeln wir geradeaus in den Wald hinein, der Weg ist nun wieder holprig. An der Gabelung halten wir uns rechts und mit einer weiteren kleinen Auffahrt kommen wir an die Sonnenbichelwiese. Linkerhand sehen wir über uns einen großen Jägerstand. Am Ende der Wiese kann man seine Räder abstellen und zu Fuß dorthin aufsteigen. Es lohnt sich sehr, denn man genießt ein einzigartiges Aussichtspanorama, das am Jägerdenkmal, das noch etwas oberhalb des Jägerstandes am Waldrand steht, am allerschönsten ist. Dort gibt es sogar eine Ruheliege, ideal für eine mitgebrachte Brotzeit.

Schöffau und Uffing Zurück auf den Rädern, fahren wir in ursprünglicher Richtung weiter, also nach Osten. Gleich nach dem Waldstück fällt unser Weg steil ab. Jetzt ist Vorsicht geboten! Zwischendurch ist geteert, das verleitet zum Laufen lassen, aber im unteren Teil geht der Weg relativ abrupt wieder in einen geschotterten Untergrund über. Bitte langsam fahren! Mit schöner Aussicht passieren wir die Höfe von Kirnberg und stoßen dahinter auf die Autostraße. Dieser folgen wir nach rechts, weiter bergab bis in die Ortsmitte von Schöffau. Am Dorfbrunnen halten wir uns links und folgen zunächst noch ein Stück der Radwegbeschilderung nach Uffing. Leicht bergauf verlassen wir so Schöffau auf der Autostraße. Für uns unverständlich, ist dies bis Uffing der offizielle Radweg. Uns jedoch stören die

Alternativwege

Wer möchte, kann am letzten Teil des Wegs von den Gleisen wieder abwärts zum Schloss Rieden radeln und dann weiter über Seehausen fahren. Das lohnt sich vor allem wegen dem schönen Gasthof Stern in der Ortsmitte von Seehausen. Interessant ist die Strecke aber auch für alle, die noch einmal im Staffelsee baden wollen. Meist sind auf diesem Weg aber viele Wanderer unterwegs und da haben wir, gerade an Wochenenden, keinen Platz mit unseren Rädern.

Aussicht auf Schöffau

Autos und der Lkw-Verkehr, sodass wir an der zweiten Möglichkeit die Radwegbeschilderung ignorieren und rechts der Beschilderung nach Sallach/Brand folgen. Vor den Häusern von Sallach wendet sich das Sträßchen nach rechts und führt dann steil abwärts zu den Häusern von Brand. Hier geht es nun nach links weiter und wieder sind wir auf einer genussreichen Strecke unterwegs. Über Harberg geht es nun bis Uffing und auf der ganzen Strecke dürfen wir uns über schönste Aussicht freuen. In Uffing folgen wir dann der Straße in Kurven bergab über die Ach und auf der anderen Seite geht es nach rechts wieder bergauf in die Ortsmitte. Wir bleiben geradeaus auf der Murnauer Straße und folgen nun stets der Radwegbeschilderung nach Murnau.

Staffelseefreuden Bevor wir Uffing verlassen, lohnt nach rechts der Abstecher hinunter ans Staffelseeufer über die Kirchtalstraße. Dort steht der beliebte Gasthof Alpenblick, eine tolle Adresse, um einzukehren. Zurück in der Murnauer Straße geht es für uns links in die Galveigenstraße, an deren Ende wir den Gleisen der Bahn folgen. Jetzt werden unsere Akkus wieder geschont, es geht flott und eben dahin. Wir überqueren mehrere Straßen und erreichen weiter geradeaus die Neubausiedlung von Seehausen. Immer in Bahnnähe fahren wir durch die Römerstraße. An deren Ende überqueren wir nur noch die große Hauptstraße und stehen wieder auf dem Bahnhofsvorplatz von Murnau.

11 Von Sindelsdorf zum Riegsee

Im Blauen Land auf Künstlerspuren

mittel | 40 km | 450 Hm | 4 Std.

Tourencharakter
Rundtour meist auf Radwegen, kleinen Nebenstraßen und ein paar Feldwegen. Viel Zeit für die Besichtigung von Murnau sollte man sich nehmen. Im Sommer Badesachen nicht vergessen!

Ausgangs-/Endpunkt
Pendlerparkplatz Sindelsdorf

GPS
47.728717, 11.320353

E-Ladestation
Murnau: Oberland Sports in der Petersgasse während der Öffnungszeiten, dort kann man auch ein E-Bike ausleihen

Anfahrt
Bahn: Mit der Bahn von München nach Murnau und die Tour dort beginnen
Pkw: A95 Ausfahrt Sindelsdorf, der Pendlerparkplatz liegt westlich der Autobahn, auf der linken Seite, alternativ Parkplatz in Sindelsdorf suchen und von dort starten

Information
www.dasblaueland.de

Kleine und große Seen, mäandernde Bäche, hügelige Wiesen, ein paar prächtige Bauernhöfe und dazu der malerische Markt Murnau. Bei dieser Radtour geht es mitten durch das »Blaue Land«, ein zutreffendes Schlagwort, das sich die ansässigen Touristinformationen von der Künstlervereinigung der »Blaue Reiter« stibitzt haben.

Sindelsdorf und seine Künstler Wir beginnen unsere Radtour am Autobahn-Pendlerparkplatz von Sindelsdorf. Am hinteren Ende wendet sich die Straße nach links und führt Richtung Autobahn. Wenige Pedalumdrehungen folgen wir der Straße, dann unterqueren wir die Autobahn und sind am Ortsrand von Sindelsdorf. Von 1911 bis 1916 war Sindelsdorf die Heimat des deutsch-niederländischen Malers Heinrich Campendonk, einem der Mitglieder der Gruppe »Blauer Reiter«, der wegen seiner Freundschaft zu Franz

Vom Eichbichl genießt man einen schönen Blick auf Habach und seinen Dorfweiher.

Marc den Weg in das oberbayerische Dorf fand. Auch Franz Marc lebte zeitweilig in Sindelsdorf, ebenso wie Jean-Bloé Niestlé oder Bernhard Stange. Wer viel Zeit hat, kann sich hier auf den Sindeldorfer Malerweg begeben, einen Rundweg, der über 15 wichtige Künstlerstationen führt. Ansonsten biegen wir nach der Autobahnunterführung rechts ein, queren den Sindelsbach und folgen gleich darauf wieder rechts den Radwegschildern auf die andere Seite der Autobahn. Vor der Schießstätte teilt sich der Weg, rechts haltend folgen wir dem Bach nach Westen (Schild »Habach«). Es geht über die Felder, dabei queren wir alle Straßen, bis wir nach einem Sägewerk die große Umgehungstraße von Habach erreichen. Jetzt immer der Radwegbeschilderung nach, die uns links weiterlotst und dann im ziemlichen Zickzack am Rand der großen Bundesstraße vorbei durch eine Unterführung sicher auf die nördliche Seite bringt. Dort radeln wir links zum Ortsrand von Habach, wo wir erneut links in die Höhlmühler Straße einbiegen.

Aussichtsreich entlang der Feuchtwiesen Jetzt sind wir über unser E-Bike froh, denn die Straße steigt deftig auf den Eichbichl an. Der macht seinem Namen alle Ehre, denn hier stehen ein paar prächtige Baumriesen mit ausladendem Geäst. Dazu kommt die feine Aussicht, vor allem über den Weiher auf Habach. Kurze Zeit später rollen wir an der Höhlmühle vorbei, früher ein beliebter Gasthof, der aber schon seit ein paar Jahren geschlossen ist. Gleich danach passieren wir die ersten Feuchtwiesen und genießen nun die

Aussicht nach Süden auf die nahen Berge. Es fühlt sich ein bisschen an, als ob wir über Almwiesen radeln würden. Links und rechts ist das Weideland hügelig, Kühe grasen friedlich und nur ein paar Holzscheunen zeigen, dass wir noch in der Zivilisation sind. Immer auf dem Hauptweg radeln wir schließlich an den Häusern von Lothdorf vorbei, dort wendet sich die Straße nach Westen. Weiter geradeaus endet sie unweit des Riegsees in einer größeren Straße.

Murnau und seine Seen Links sind wir gleich darauf am Froschhauser See. Mit Alpenblick nebst Zugspitze vor der Nase kann man hier im Sommer einige Bahnen schwimmen. Danach erreichen wir den gleichnamigen Ort mit der kleinen St.-Leonhard-Kirche. Gegenüber der Kirche werden wir später unseren Radweg fortsetzen. Wer jedoch Murnau besuchen möchte, folgt geradeaus dem Radweg, der nun wieder ansteigt. Oben angekommen sollten wir, auch wenn wir uns nicht überanstrengt haben, kurz anhalten, um die Aussicht zu genießen. Geradezu kitschig liegt der Weiler Froschhausen eingebettet zwischen den beiden Seen – ein Paradebeispiel für die fotogene oberbayerische Landschaft. Dann verlieren wir schon wieder an Höhe und folgen einfach der Straße, die, vorbei am Gymnasium, von der Sollerstraße zur

Murnau

Bei Eschenlohe öffnet sich das Loisachtal zu einer weiten Ebene. Nach der Eiszeit befand sich an dieser Stelle ein See, der inzwischen zu einem Moor verlandet ist, es wird Murnauer Moos genannt. Diese Ebene ist im Norden von einem langen Moränenzug begrenzt. Oben auf dem Höhenrücken thront der Markt Murnau mit seiner berühmten Sicht auf das Moor und die Berge. Von Nord nach Süd wird der Ort von einer langen Straße, dem Ober- und Untermarkt durchquert. Im Zentrum steht das Rathaus mit dem Fresko von Kaiser Ludwig dem Bayern, der den Ort zum Markt erhoben hat. Östlich davon finden wir das ehemalige Schloss von Murnau. Es wird als Museum genutzt, in dem vor allem Werke der deutschen Expressionistin Gabriele Münter zu sehen sind. Die Künstlerin lebte bis zu ihrem Tod 1962 in ihrem Haus am Hochanger, das man übrigens besichtigen kann (Weg ab Rathaus ausgeschildert). Ein besonderer Schatz Murnaus ist die Pfarrkirche St. Nikolaus, die mit ihrem raffiniert gestalteten Zwiebelturm über den Ort wacht. Ihre barocke Innenausstattung passt harmonisch in das Gesamtbild des Raums, obwohl sie von ganz verschiedenen Künstlern, die noch dazu von unterschiedlichen Orten kamen, stammen.

Johannisstraße wird. Diese endet direkt am großen Obermarkt im Herzen der Murnauer Altstadt. Zur Stadtbesichtigung parkieren wir die Räder und ziehen zu Fuß los. Im Obermarkt herrscht immer reges Treiben und viele Cafés und Gasthäuser laden zum Verweilen ein. Wer noch mehr erkunden möchte, schnappt sich sein Fahrrad wieder und kann westlich der großen B2 über die Kottmüllerallee das Gabriele-Münter-Haus besuchen oder weiter abwärts zum Staffelsee radeln. Murnau darf sich glücklich schätzen, in unmittelbarere Nähe von drei der schönsten oberbayerischen Seen zu liegen.

Jetzt nur noch Badesachen anziehen und rein hüpfen – der Froschhauser See gleicht im Sommer einer Badewanne mit Bergblick!

Zurück zum Riegsee Nachdem wir Murnau besichtigt haben, geht es auf gleichem Weg zurück nach Froschhausen, wo wir nun, an der Kirche links, der Beschilderung nach Hofheim folgen. Dabei passieren wir kurz darauf das private Schloss Neuegling. Vielleicht erkennt es der eine oder andere wieder, denn es diente in der ZDF-Serie »Herzflimmern – Die Klinik am See« 2011 als Drehort. Etwas später radeln wir durch den Ort Egling und genießen die Sicht auf den Riegsee. Direkt nach den letzten Häusern müssen wir aufpassen! Nach dem ersten großen Feld biegen wir rechts in den Feldweg (für Autos gesperrt) ein. Er wendet sich nach links und führt uns so fernab der Autostraße durch den Campingplatz Brugger. An seinem Ende ergibt sich noch einmal eine tolle Gelegenheit, ins Wasser zu hüpfen – der Badestrand am Riegsee unweit der Brugger Hüttn (Einkehrmöglichkeit) ist äußerst einladend.

Obersöcheringer Bauernland Am Campingplatz wendet sich unser Radweg vom Riegsee ab und führt zu einer größeren Straße. Diese queren wir (vorsichtig!) nach Hofheim hinein und folgen jetzt der Beschilderung nach Obersöchering. Dafür wendet sich hinter der Hofheimer Kirche der Weg nach rechts, nach den letzten Häusern teilt sich die Straße und wir radeln links über die Felder, einmal eine Bundesstraße unterquerend, nach Obersöchering. Im Ort geht es für uns nach rechts und wir biegen unmittelbar nach der Kirche St. Peter und Paul noch einmal rechts ein. Gleich links in der Alpenstraße passieren wir die Obersöcheringer Liebfrauenkirche und folgen dann der Beschilderung nach rechts zum Sportplatz in die Straße »Am Sportanger«. Vorbei am Fußballplatz verlassen wir Obersöchering auf einer kleinen, landwirtschaftlich genutzten Straße, der wir geradeaus auch über die nächste querende Straße folgen. Sie führt uns zur zweiten kleinen Kreuzung, versteckt im Wald liegt rechts von uns eine Marienkapelle. Hier biegen wir rechts ein, radeln in Richtung Bundesstraße, aber halten uns ein gutes Stück vorher an der T-Kreuzung erneut links, in östliche Richtung (Schild »Reinthal«). Im leichten Auf und Ab radeln wir über herrliches Bauernland nach Reinthal, wo wir, sofern es ein Wochenende ist, im malerischen Bauernhof Café einkehren können. Es ist mit einem Abstecher nach links hinter dem auffälligen Bauernhof mit der Dachterrasse erreichbar. Ansonsten radeln wir in Reinthal an der Hofkapelle rechts haltend weiter und folgen den Radsymbolen, die uns nach einem Waldstück rechts mit etwas Abstand zum großen Hof Schwarzenbach über die Felder führt. Bald danach teilt sich die kleine Straße, wir halten uns links, müssen somit nicht hinauf nach Obersiffelhofen, sondern erreichen Antdorf auf der Siffelhofener Straße.

Über Antdorf und Frauenrain An der Kreuzung folgen wir rechts der Weilheimer Straße und biegen links in die Hauptstraße ein. Sie vollführt eine leichte Linkskurve, hier radeln wir rechts in den Frauenrainer Weg, der gleich zum Feldweg wird. Er führt nach Süden, wendet sich etwas nach rechts und wir radeln unterhalb der Kirnbergkapelle vorbei. Nicht lange danach schalten wir ein paar Gänge hinunter und den Akku höher,

Einkehrtipps

Murnau bietet zahlreiche Möglichkeiten im Zentrum, in Antdorf laden der Gasthof Petermichl und in Reinthal das Bauernmuseum und Café zur Rast.

denn es geht nun hinauf nach Frauenrain. In dem Weiler ist das kleine Gotteshaus eine kunsthistorische Besonderheit und ein Wallfahrtsort. Die Kirche ist eine der ältesten im Landkreis, sie wurde bereits im 11. Jahrhundert urkundlich erwähnt. Ihr Äußeres weist romanische Züge auf, eine Seltenheit im barocken Oberbayern. Aber ganz ohne Prunk und Pracht kommt auch dieses Gotteshaus nicht aus, innen wurde es um 1720 barockisiert.

Oben: Mit Blick auf das Benediktbeurer Moor verabschieden wir uns von der Radtour und sausen zum Ausgangspunkt zurück.

Unten: Die eigenwillige Bauweise mit Türmchen findet man am Bauernhof im Reinthal.

Aussichtsreicher Abschluss An der Kirche treffen wir wieder auf ein kleines Sträßchen, dem wir nach links folgen. In der Höhe des letzten Hofes teilt es sich. Für uns heißt es jetzt noch einmal kräftig in die Pedale treten, denn es geht rechts bergauf über die Felder auf den Eichbichl, der genauso, wie sein Namensvetter bei Habach, einige stolze Baumexemplare aufweist. Die Aussicht nach Norden kommt ebenfalls nicht zu kurz. Im Wald passieren wir noch den Berghof, erhaschen einen letzten Blick auf das Loisachmoor, bevor die Bremsen glühen, denn es geht steil bergab. Ein kurzes Stück flitzen wir parallel zur Autobahn entlang, dann endet der Weg an der Bundesstraße. Jetzt nur noch wenige Hundert Meter nach rechts und eine Unterführung nach links bringt uns zurück auf den Pendlerparkplatz, unseren Ausgangspunkt.

12 Von Wolfratshausen nach Beuerberg

Große Runde zwischen Isar und Loisach

mittel | 59 km | 430 Hm | 4.30 Std.

Tourencharakter
Längere, etwas hügelige Rundtour, auf Rad- und Flusswegen (nach Regen feucht) sowie kleinen Nebenstraßen. Bademöglichkeit im Schönauer Weiher oder in der Isar

Ausgangs-/Endpunkt
Wolfratshausen Bahnhof

GPS
47.914732, 11.426833

E-Ladestation
Wolfratshausen: Hammerschmiedweg 3 an der Stadtbücherei, Gelting: Café Servus bei Verzehr

Anfahrt
Bahn: Mit der Bahn nach Wolfratshausen
Pkw: Wolfratshausen liegt südlich von München. Mehrere Parkmöglichkeiten rund um die Altstadt

Information
www.tourismus.wolfratshausen.de

Auf ruhigen Wegen radeln wir durch das Alpenvorland mit den Isarauen. Vorbei an der Stadt Geretsried geht es dann über Moränenhügel, durch Wälder, Felder und Moore zum Klosterdorf Beuerberg. Neben dem Museum bewundern wir dort die beiden Kirchen und kehren am Loisachkanal nach Wolfratshausen zurück.

Entlang der Isar Vom Bahnhof Wolfratshausen radeln wir an der Bahnschranke links über die Gleise in die Sauerlacher Straße. Der Fußweg auf der linken Straßenseite ist gleichzeitig Radweg. Wir passieren die Nantweiner Kirche, in deren Innern sich das Grab des Hl. Nantovinus befindet. Ein einzigartiger Lokalpatron, den einige aus dem Theaterstück »Brandner Kaspar« kennen. Kurz vor der Isar folgen wir der Beschilderung »Geretsried« zum Floßgelände und dann unter der Brücke hindurch auf die

Herrlich bequem geht es entlang des Loisachkanals nach Gelting zum Café Servus.

andere Straßenseite in den Wald. Unser Radweg ist identisch mit dem Fernradweg »Bavarica Tyrolensis« bzw. München–Venedig, auch wenn wir Letzteres heute sicherlich nicht erreichen. Mit wenigen Pedalumdrehungen sind wir nun mitten im wunderbaren Isarau-Naturschutzgebiet und radeln in völliger Ruhe. Rasch queren wir den Loisachkanal auf einem kleinen Steg und passieren Waldram. Viele kleine Pfade führen links direkt zu den Kiesbänken der Isar. Wer bereits einen Stopp einlegen möchte, sollte einfach einem davon folgen. Im Geretsrieder Ortsteil Gartenberg treffen wir wieder auf Zivilisation.

Wild rauschend vereint sich das Wasser des Loisachkanals mit der Isar.

Geretsried und seine spannende Geschichte

Jetzt weiter geradeaus auf der Straße Isardamm. Im Dritten Reich stand an der Stelle des heutigen Geretsried eine riesige Munitionsfabrik, wohlgetarnt unter den Bäumen. Auch wenn mittlerweile ein wahrer Bauboom in der Stadt herrscht, entdecken wir immer wieder auffällige alte Gebäude oder Betonzaunpfosten, alles Überbleibsel aus dieser Zeit. Ähnliche Relikte, zum Beispiel alte Betonplatten als Straßenbelag oder Mauerreste alter Bunkeranlagen, lassen sich noch an vielen weiteren Stellen in der Stadt finden. Informationstafeln der Stadt erzählen mehr über die Geschichte der Stadt.

Im Zickzack durch die Isarwälder Nach der Isardammschule folgen wir dem Linksknick der Isardammstraße, die uns immer am Waldrand entlangführt. Nach dem Eisstadion bleiben wir geradeaus, jetzt ist unser Radweg wieder ohne jeden Autoverkehr (Beschilderung nach Bad Tölz). Vorsichtig queren wir die große Tattenkofener Straße, dahinter führt der Weg nach links weiter.

Einkehrtipps

In Rotherain liegt das Café Bolzmacher in schöner Lage, Bad Heilbrunn bietet das Gasthaus RamsAu oder die Reindlschmiede. In Beuerberg steht der Gasthof zur Mühle direkt am Loisachufer, in Gelting ist das Café Servus der absolute Geheimtipp, mit dem besten italienischen Cappuccino diesseits der Alpen.

Wir queren noch die Jeschkenstraße, 300 Meter später weist uns das Radwegschild »Bad Tölz« nach rechts. Jetzt folgen wir stur dem Schild, das uns ziemlich im Zickzack durch den Wald am Rande von Geretsried entlangführt. Bald haben wir auch eine erste Steigung zu bewältigen, es geht langsam am Isar-Steilufer hinauf. So kommen wir zum Aussichtspunkt Malerwinkel, der sich etwas links unseres Radwegs befindet. Von den Rastbänken genießen wir eine herrliche Sicht über die Isar nach Bairawies. Ein Stück weiter geht es wieder abwärts. Achtung! Nicht zu schnell, denn kurz nach dem einsamen Haus biegen wir bei zwei großen Bäumen links ab.

Versteckte Wege Mit herrlicher Sicht auf die Alpen geht es weiter abwärts bis zu einer kleinen Teerstraße, der wir nach links folgen. Wir passieren eine Sternwarte und die Jugendsiedlung Hochland und die Rothmühle. Danach erreichen wir eine größere Autostraße. Auf ihr geht es für 300 Meter nach rechts, dann biegen wir links ein und folgen der Straße bald leicht aufwärts zur kleinen Siedlung Rothenrain, die in schönster Aussichtsmanier auf einem Hügel thront. Dort lockt das Café Bolzmacher mit seinen feinen Tortenkreationen, wobei wir unseren Kalorienverlust später auch noch auffüllen dürfen. In der Höhe des Cafés biegen wir dann an der Kirche links ein. Jetzt müssen wir etwas aufpassen, denn der nächste Wegabschnitt ist kaum beschildert. Wir schlängeln uns leicht links haltend zwischen den Bauernhöfen hindurch. Ein grünes Wanderschild »Fischbacher Moosweg« zeigt uns, dass wir richtig sind. Nun geht es

In Bad Heilbrunn dreht sich alles um Kräuter: Alle zwei Jahre findet der große Kräuterzauber im Kräuter-Erlebnis-Park statt.

Die Bad Heilbrunner Pfarrkirche St. Kilian lohnt einen Umweg – ihr Inneres ist mit Barockmalerei zum Thema »Wasser« geschmückt.

wieder durch den Wald und wir erreichen Wolfsöd. Wir folgen der Straße, die leicht bergab führt. Um jeglichen Autoverkehr zu umgehen, können wir kurz vor der größeren Straße links in den unbeschilderten Feldweg einbiegen. Er stößt kurz danach auf die Straße, in die wir für wenige Meter nach links einbiegen. Am nächsten Feldweg geht es rechts erneut über Felder direkt auf Oberbuchen zu. Dort halten wir uns rechts und biegen am kleinen Wegedreieck mit dem Bildstock nach links. So kommen wir in die Ramsau, einen Ortsteil von Bad Heilbrunn.

Bad Heilbrunn und Baden Wer dem Kurort einen Besuch abstatten möchte, vor allem, um den schönen Kräuter-Erlebnis-Park zu besuchen, folgt in der Ramsau links der Beschilderung in die Ortsmitte nach Bad Heilbrunn. Ansonsten halten wir uns rechts und können nun eine Pause im Gasthaus RamsAu einlegen. Unter den mächtigen Kastanienbäumen gibt es einen herrlichen Biergarten. Hinter dem Gasthaus setzen wir die Radtour in Fahrtrichtung fort. Wer baden möchte, fährt mit einem kurzen Abstecher nach links über den Bach zum Schönauer Weiher. Der kleine Moorsee gilt als Geheimtipp.

Loisach Filzen und Moore Ansonsten endet der Weg an der großen B 11 am Gasthaus Reindlschmiede. Auf ihr geht es für einen

Beuerberg und sein Dorfweiher

Kilometer nach rechts, dann biegen wir am Hofgut Letten links in die Straße nach Nantesbuch ein. Bergauf passieren wir das neue Gut Karpfsee, das durch die Stiftung Kunst und Natur der BMW-Erbin Susanne Klatten zu einem Begegnungsort umgebaut wurde. Wieder bergab geht es bis kurz vor Nantesbuch. Bevor die Straße ansteigt, biegen wir rechts in den Feldweg ein. Wir radeln in das Königsdorfer Moorgebiet, das an vielen Stellen renaturiert wurde. Mit etwas Glück kann man eine Herde Auerochsen oder Exmoor-Ponys beobachten, mit deren Hilfe durch die ganzjährige Beweidung die Landschaft gepflegt wird. Dem Hauptweg folgend, erreichen wir die kleine Häusersiedlung, die zu Mooseurach gehört. Es waren die Wohnhäuser der Arbeiter, die einst für die großen Gutshäuser Torf stachen. In die Querstraße biegen wir links ein und radeln durch eine Birkenallee bis zum Boschhof, der wirklich im Besitz von Robert Bosch, dem berühmten Ingenieur, war.

Beuerberg und seine Kirchen Dahinter queren wir die Loisach und stoßen auf eine Autostraße. Wir radeln rechts auf dem dazugehörigen Radweg bis Beuerberg. In die Straße am Pfarranger biegen wir rechts ein, sie bringt uns zum einstigen Kloster Beuerberg, dessen Kirchenensemble wir uns nicht entgehen lassen sollten. Auch die hervorragenden Ausstellungen im Museum des ehemaligen Klosters sind immer einen längeren Stopp wert (nach Umbau Wiedereröffnung voraussichtlich 2023/24).

Isar am Malerwinkel

Entlang des Loisachkanals Durch die Klosterstraße erreichen wir die Herrnhauser Straße, die uns bergab zur Loisach bringt (rechts Abstecher zum Gasthaus Mühle möglich). Wir queren die Loisach, biegen jedoch vor dem Loisachkanal links auf den Dammweg. Jetzt bleiben wir über alle querenden Straßen hinweg immer in Ufernähe des Kanals. So kommen wir nach Gelting, auch da lassen wir alle Brücken unberücksichtigt. Nach einer Gärtnerei treffen wir auf eine Straße. Nach rechts erreicht man bald das Café Servus. Ansonsten biegen wir links in die Unterfeldstraße ein. Weiter entlang des Kanals geht es bald unter der B 11 hindurch, dahinter fahren wir in einem Rechtsbogen zum parallel zur B 11 verlaufenden Radweg. Wolfratshausen und die S-Bahn sind schon ausgeschildert. Jetzt folgen wir den alten, wenig benutzten Industriegleisen. Diese führen uns zur S-Bahnstation in Wolfratshausen.

Flößerstadt Wolfratshausen

Die Stadt Wolfratshausen liegt am Zusammenfluss der Loisach und der Isar und besitzt eine malerische Altstadt, die sich über 400 Meter am linken Loisachufer entlangzieht. Hoch über dem Steilufer stand früher eine mächtige Burganlage, die den Verkehr auf der Straße und auf den Flüssen kontrollierte. 1743 explodierte die Burg nach einem Blitzeinschlag im Pulverturm und brannte bis auf die Grundmauern komplett nieder. Auch die Flößerei prägte den Ort über viele Jahrhunderte und brachte einst viel Wohlstand. Auf Holzflößen wurden Waren aller Art von den Bergen nach München geschifft. Das war ein einträgliches, aber auch gefährliches Geschäft, das mit dem Aufkommen des Zugverkehrs sein Ende fand. Die Wolfratshauser Flößerfamilien haben immer noch das verbriefte Recht des Transports auf der Isar. Sie haben sich umorientiert und bringen heute Ausflügler nach München.

13 Benediktbeuern, Bad Heilbrunn und Penzberg

Im Klosterland

mittel | 39 km | 330 Hm | 3.30 Std.

Tourencharakter
Überwiegend auf Radwegen und einsamen Nebenstrecken führt diese Radtour im leichten Auf und Ab. Der Großteil der Steigung liegt am Beginn der Tour.

Ausgangs-/Endpunkt
Benediktbeuern Bahnhof

GPS
47.708728, 11.403269

E-Ladestation
Bad Heilbrunn: Gasthaus Reindlschmiede bei Verzehr

Anfahrt
Bahn: Mit der Bahn nach Benediktbeuern
Pkw: Auf der A95 bis Ausfahrt Sindelsdorf und weiter auf der B472. Großer Parkplatz am Kloster

Information
www.kloster-benediktbeuern.de

Am Fuß der Benediktenwand erstreckt sich das große Benediktbeurer Moor und darum herum viele liebenswerte Dörfer und Weiler. Mit dem Kloster Benediktbeuern, der Stadt Penzberg, Bademöglichkeiten sowie dem einen oder anderen Gasthof eine gelungene Runde durch das Klosterland.

Aufwärts nach Bad Heilbrunn Startplatz ist der kleine Bahnhof in Benediktbeuern. Von dort geht es die wenigen Meter nach Süden und dann links in die Bahnhofstraße. Alle, die mit dem Auto anreisen und am Kloster parken, radeln zum Bahnübergang und queren ihn geradeaus in die Bahnhofstraße. Auf ihr erreichen wir eine Ampel und queren damit sicher die B 11, die mitten durch Benediktbeuern führt. Direkt hinter dem Gasthof zur Post biegen wir links ein und radeln dann rechts in die Ludlmühl-

straße. Vorbei an der Schule geht es über die Felder an den Ortsrand von Bichl. Dort biegen wir rechts ein und bleiben dann geradeaus, vorbei am Hofcafé Ludlmühle den Steinbach querend. Dahinter sind wir in Obersteinbach und radeln geradeaus durch den kleinen Weiler. Bald unterqueren wir die Bundesstraße nach Untersteinbach, wieder radeln wir vorbei an einigen stattlichen Höfen und folgen dahinter dem separaten Radweg. Der endet bzw. führt nach rechts, dabei queren wir die Autostraße und nun heißt es Gas geben, denn es geht steil aufwärts nach Baumberg.

Das Kloster Benediktbeuern war auch Namensgeber für die dahinter aufragende Benediktenwand.

Benediktbeuern

Im vierten Jahrhundert war die Macht des Römischen Reichs nördlich der Alpen weitgehend zusammengebrochen. Die Truppen der einstigen Weltmacht wurden nach Süden verlegt, und ein Teil der römischen Zivilbevölkerung kehrte in die Heimat zurück. Dennoch gab es weiter Handelsverkehr über die Alpen. Doch diese Warenzüge wurden immer wieder überfallen und ausgeraubt. Um das zu verhindern, wurden Klöster errichtet, denn jedes Kloster hatte Bewaffnete, die nicht nur sich selbst schützen konnten, sondern auch die Handelszüge in ihrem Gebiet. So entstanden etwa ab dem 8. Jahrhundert an den Alpenstraßen zum Teil recht bedeutende Klöster, die diese Aufgabe übernahmen. Eines dieser Klöster war Benediktbeuern, um 740 von den Huosi, einem Geschlecht des bayerischen Uradels gegründet. Es hatte als Benediktinerabtei bis zur Säkularisation 1803 Bestand. Nach seiner Auflösung ging das Kloster bis 1930 durch verschiedene Hände, dann wurde es von den Salesianern übernommen, die sich hauptsächlich der Jugendseelsorge und Fragen des Umweltschutzes widmen.

In dem Weiler bleiben wir ebenfalls geradeaus und radeln bald über die Felder. Am Ende queren wir erneut eine Autostraße, auf der anderen Seite beginnt ebenfalls ein Radweg nach rechts und schon haben wir den Ortsanfang von Bad Heilbrunn erreicht.

Heilbad und Kräuterzauber Dort biegen wir nach den ersten Höfen links in die Ferdinand-Maria-Straße ein, sie bringt uns in die Ortsmitte rund um die barocke Kirche St. Kilian. Ihr Inneres ist mit zartem Wessobrunner Stuck verziert, alle Fresken erzählen Bibelgeschichten vom »gesunden Wasser«. Direkt unterhalb des Gotteshauses steht noch das Brunnenhaus, der Ursprung der Bad Heilbrunner Trinkkur, auch wenn das Gebäude in den 1960er-Jahren erneuert wurde. 1659 verbrachte Kurfürstin Henriette Adelheid von Savoyen, die Frau des Kurfürsten Ferdinand Maria von Bayern, samt ihrem Hofstaat eine mehrwöchige Kur in dem kleinen Ort. Sie behandelte ihre Kinderlosigkeit und gebar kurz darauf eine Tochter und später dann den Thronfolger. Zum Dank für die Geburt ihrer Kinder wurde übrigens die Theatinerkirche in München gestiftet und Adelheid erhielt Schloss Nymphenburg. Zwei Punkte, auf die man in Bad Heilbrunn immer noch stolz ist, denn ohne ihr gesundes Wasser hätte München mindestens zwei Prachtbauten weniger. Weiter radeln wir durch den Kurort, an der Stelle, an der sich die Straße nach rechts wendet, halten wir uns links und gleich wieder rechts und sind damit im Wörnerweg. Hier lohnt es sich, die Räder abzustellen, um

Am Riederer Weiher bei Penzberg

zu Fuß durch den großen Kräuter-Erlebnis-Park zu schlendern. Zahlreiche Duft-, Heil-, Tee- und Gewürzkräuter verzaubern alle Sinne. Wir passieren die große Fachklinik und radeln weiter zum Ende des Wörnerwegs. Jetzt geht es links weiter, leicht bergab in den Heilbrunner Ortsteil Ramsau. Hier teilt sich der Weg, wir wenden uns nach links, passieren das Gasthaus RamsAu und bleiben geradeaus auf dem Feldweg (Schild »Mürnsee«).

Bad Heilbrunn gehörte bis zur Säkularisation zum Kloster Benediktbeuern.

Über Mürnsee und Hohenbirken zur Loisach Immer leicht abwärts schonen wir jetzt unsere Akkus. Der Feldweg bringt uns entlang des Stallauerbachs und des Reindlbachs zur B 11. Wir überqueren sie nach rechts und biegen dann links zum Landgasthof Reindlschmiede ein. Falls uns der Biergarten nicht ausbremst, folgen wir einfach weiter der Straße. Diese führt in Kurven über Mürnsee in den Wald und genauso kurvig weiter nach Hohenbirken. Hinter dem Weiler wurde die Straße erhöht, denn die umliegenden Feuchtwiesen sind bei Hochwasser gerne überschwemmt. Das Moor setzt auch dem Untergrund zu, die schmale Straße ist sehr wellig. Sie endet in einer querenden Straße, hier biegen wir links ein und eine Brücke führt uns über die Loisach.

Es bleibt nicht immer flach Auf der anderen Seite queren wir die Landstraße, halten uns kurz links und an der nächsten Möglichkeit rechts, bergauf über Glashütte nach Nantesbuch. Der Märznhof liegt am Ortseingang und besitzt eine der schönsten

Einkehrtipps

Verhungern und verdursten muss auf dieser Runde niemand. Den Anfang macht die Ludlmühle bei Bichl, am Bichler Freibad, in Bad Heilbrunn gibt es die Parkvilla, das Gasthaus RamsAu oder die Tafernwirtschaft Reindlschmiede. Der Märznhof bei Nantesbuch ist nicht nur wegen seiner Aussicht beliebt, auch der Urthaler Hof kurz vor Benediktbeuern liegt fast direkt an der Strecke. Im Klosterdorf gibt es dann das Klosterbräustüberl, aber auch das nette Café am Kräutergarten oder im Kreuzgang.

Aussichtsterrassen über dem Loisachtal, für eine Pause mit Einkehr ideal. Immer noch aufwärts radeln wir durch den Weiler, danach kommen wir nach Oberhof und sausen schon wieder bergab, am Seminarzentrum Zist vorbei in den Wald. Hier liegen die drei Eitzenberger Weiher links und rechts des Wegs. Nach den ersten beiden schattigen Seen geht es wieder leicht bergauf, am dritten und größten Weiher gibt es eine schöne sonnige Liegewiese mit Bademöglichkeit. Kurz darauf passieren wir auch den Eitzenberger Hof und radeln dahinter entlang der Golfanalage Iffeldorf. Bald biegen wir links ein (Schild »Penzberg«) und weiter geht es über den Golfplatz, bis schließlich unser Radweg in den Ponholzweg übergeht. Wir sind nun am Ortsrand von Penzberg, der Weg wird zur Kirnberger Straße, die sich teilt. Hier halten wir uns rechts und im Zickzack erreichen wir die große Seeshaupter Straße, die wir geradeaus queren (Schild »Hub«). Bergab geht es zwischen zwei Weihern hindurch, vorbei am Campingplatz und dem Gut Hub erreichen wir die pittoreske Kapelle Hub, die einsam auf den Feldern liegt.

Durch Penzberg Ein Stück weiter sind wir in einem Neubaugebiet von Penzberg und die Radwegbeschilderung führt uns nach rechts zum Bahnübergang. Ohne diesen zu queren, geht es nun nördlich der Gleise weiter, bis der Radweg an einer größeren Kreuzung endet. Nun radeln wir nach rechts auf der Karlstraße, vorbei am Museum Penzberg – Sammlung Campendonk in die Ortsmitte von Penzberg. An der Ampel ordnen wir uns rechts ein, folgen der Bahnhofstraße, bis wir sie am Sport Conrad nach links in die Ludwig-März-Straße verlassen. Unter der Bahn hindurch sind wir wieder im Wald. Kaum haben wir diesen verlassen, teilt sich der Weg. Nach links lohnt sich der Abstecher zur idyllisch gelegenen Kirche von St. Johannisrain, ein herrlicher Rastplatz mit Blick über das weite Moor. Ansonsten biegen wir am Waldrand scharf nach rechts ab und radeln auf einem ruhigen Forstweg zu den Häusern am Riederer Weiher.

Benediktbeurer Moor In der Höhe des Weihers geht es für uns nach links auf einen Feldweg. Wer möchte, kann nach dem Entwässerungskanal links fahren, um dann vor der Loisach rechts abzubiegen. Das funktioniert aber auch, wenn man zur Autostraße radelt und dort dem Feldweg nach links folgt. Beide Wege führen zur Loisachbrücke unweit des Gasthauses Urthaler Hof. Mit Hilfe des geschickt gelegten Radwegs können wir sowohl die Loisach als auch die große Autostraße sicher (unter-)queren. Auf der anderen Seite geht es nun nach Süden, mit dem Fluss zu unserer rechten Seite. Nach gerade einmal einem Kilometer verlassen wir die Loisach nach links und radeln nun durch das Benediktbeurer Moor nach Westen. Der Feldweg biegt ein paarmal hin und her, aber die beiden Kirchtürme des Klosters Benediktbeuern und der Hauptweg weisen zuverlässig den Weg. Kurz vor dem Kloster können wir dann noch die Vogelstation an der Moosmühle, den Klangpfad oder die Naturerlebnispfade (beide nur zu Fuß) erkunden. Zum großen Finale erwartet uns dann das Kloster, mit seiner beeindruckenden Kirche und dem großen Arkadeninnenhof. Von dort ist es nur noch ein Katzensprung auf die Ostseite der Klostergebäude und wir sind wieder am Bahnhof.

Links: Die Hubkapelle ziert eine Nachbildung des Ettaler Gnadenbildes.

Rechts: Malerisch, vor allem wegen ihrer Alleinlage, ist die Hubkapelle bei Penzberg.

14 Von Ohlstadt nach Garmisch-Partenkirchen

An der Loisach entlang

leicht | 49 km | 220 Hm | 3.45 Std.

Tourencharakter
Eine sehr leichte Tour auf landwirtschaftlichen Wegen, die jedoch teilweise geschottert und steinig sind. Es ist nur ein kleiner Anstieg zu meistern, ansonsten nur kurze Anstiege z. B. bei Brückenauffahrten. Der Akku hilft vor allem, da oft ein Talwind weht. Nach Regenfällen können die Wege feucht oder sogar überschwemmt sein.

Ausgangs-/Endpunkt
Ohlstadt Rathaus

GPS
47.633511, 11.234237

E-Ladestation
Unterwegs keine

Anfahrt
Bahn: Mit der Bahn auf der Strecke München–Garmisch, Haltestelle Ohlstadt
Pkw: Auf der A 95 zur Ausfahrt Murnau/Kochel, weiter in Richtung Murnau unmittelbar nach dem Gut Schwaiganger links nach Ohlstadt. Einige Parkplätze in der Ortsmitte

Information
www.gapa.de

Am Fuße des Estergebirges radeln wir durch das herrliche Loisachtal und sein Moor, immer mit freiem Blick auf die Zugspitze. Ohne störenden Autoverkehr geht es bis nach Garmisch-Partenkirchen, für dessen Besichtigung wir uns etwas Zeit nehmen sollten.

Die Villa des Malerfürsten Unsere Radtour beginnt am Maibaum vor dem Rathaus von Ohlstadt. Auf der Kaulbachstraße kommen wir an der Villa des Münchner Malerfürsten Kaulbach vorbei, die heute der LVA Unterfranken gehört. Das Atelier des Malers kann besichtigt werden (April–November, Mi und Sa 16.00–18.00 Uhr). Nach der Villa geht es links in die Boschetstraße und schon radeln wir über Felder, die Bäche Kaltwasserlaine und den Greiterbach zu den Sportplätzen am Waldrand. Wir wenden uns nach rechts und passieren den Freizeitplatz. Auf der ungeteerten Forststraße geht es zwischen den Viehweiden und dem Wald langsam aufwärts. Nach einem Holzlagerplatz wird es etwas steiler, aber an der Schranke haben wir es geschafft. Stellenweise aussichtsreich geht es schließlich abwärts, unser Weg endet an einem Wanderparkplatz oberhalb von Eschenlohe.

Eschenlohe Hier radeln wir rechts über die Walchenseestraße an die Loisach hinunter. Eschenlohe hat eine lange Geschichte, führte doch bereits im 1. Jahrhundert n. Chr. eine der alten Römerstraßen von Italien nach Augsburg hier vorbei. Über dem Ort, dort wo heute die Nikolauskapelle steht, lag im Mittelalter die Burg der Grafen von Eschenlohe. Für uns geht es abwärts, bis in Sichtweite der großen blauen Loisachbrücke. Wir bleiben jedoch auf der ursprünglichen Uferseite und radeln vor der neuen Brücke links in die Mühlstraße. An ihrem Ende, an der Kreuzung von fünf Straßen, bleiben wir erst geradeaus und halten uns dann links in die Römerstraße. Das Hinweisschild zu den »Sieben Quellen« zeigt, dass wir richtig sind. So verlassen wir Eschenlohe leicht aufwärts.

Von Eschenlohe blickt man über das Loisachtal auf die Zugspitze.

Sieben Quellen Oben auf einem Hügel angekommen liegt eine Bilderbuchlandschaft vor uns. Weit streckt sich das Tal über das Moor ins Werdenfelser Land hinein, überragt vom Wettersteingebirge mit der Zugspitze. Abwärts kommen wir zu den »Sieben Quellen«, einem eindrucksvollen Naturschauspiel. Hier stößt eine wasserführende Schicht aus dem Estergebirge an die Oberfläche. Gewaltige Mengen Wasser in schillernden Blau- und Grüntönen ergießen sich dabei in das Pfrühlmoor und bilden die Mooraugen. Selbst an heißen Sommertagen ist dieses Wasser eiskalt.

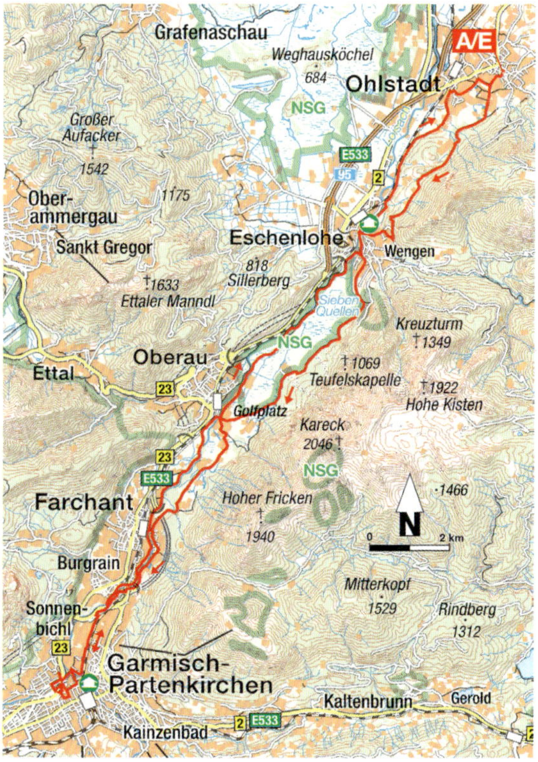

Römerstraße Immer weiter auf der ungeteerten Straße, der ehemaligen Römerstraße, fahren wir am Fuße des Estergebirges entlang. Dabei passieren wir dramatische Schuttreißen, die sich vom Berg abgelöst haben. Immer wieder tauchen Quellbäche auf, die mit ihren unterschiedlichen Wasserfarben faszinieren. Die Vegetation ist wunderschön und wir genießen die herrlich entspannte Fahrt. Schließlich queren wir

Die Sieben Quellen sind ein echtes Naturschauspiel.

den größeren Lauterbach. Jetzt geht es über die Felder und wir passieren den Oberauer Golfplatz. An der Loisachbrücke haben wir Oberau erreicht. Noch vor der Brücke geht es links auf den Radweg, der nach Garmisch-Partenkirchen beschildert ist. Wir folgen dem Zickzack der Straße und sind schon wieder völlig einsam unterwegs. Weite Almwiesen mit ihrem lockeren Fichten- und Tannenbestand verändern die Landschaft. Im Sommer weiden hier Kühe, aber auch Schafe und Ziegen. Schließlich queren wir das breite steinige Bachbett des Kuhfluchtgrabens und erreichen an einem Parkplatz die Sportplätze von Farchant.

Von Farchant nach Garmisch-Partenkirchen Nun geht es nach links in der Frickenstraße weiter. Die Straße endet unweit der Loisachbrücke. Auch diesmal queren wir sie nicht, sondern halten uns links und umrunden das kleine Elektrizitätswerk in die Esterbergstraße. Wir folgen nun der Radwegbeschilderung zum Freibad von Farchant. Am Freibad halten wir uns dann rechts am Eingangsgebäude vorbei, dahinter beginnt wieder ein Uferweg, den man im ersten Moment nicht sieht. Jetzt hat uns die Loisach wieder und im leichten Auf und Ab bewältigen wir die letzten Kilometer auf dem Uferweg. Unweit der Tunnelausfahrt der Schnellstraße treffen wir dann auf eine größere Autostraße, die wir geradeaus queren. Auf der Straße Loisachauen geht es nun zwischen einem Gewerbegebiet und der Loisach weiter. Kurz darauf radeln wir leicht aufwärts, überqueren dabei die

Völlig ab vom Straßenverkehr radeln wir entlang der Loisach.

Bundesstraße und sind immer noch am Rande des Gewerbegebiets unterwegs. Kurz darauf folgen wir der Radwegbeschilderung nach Garmisch links auf einen Pfad, der im Zickzack um eine Gärtnerei führt, um sich schließlich an den Gleisen nach rechts zu wenden. Die letzten Kilometer nach Garmisch führen dann aussichtsreich über die Wiesen nach Süden. Vor uns liegen viele Holzscheunen, dahinter ragen die Kirchtürme der beiden Martinskirchen von Garmisch auf. Den Abschluss bildet das Wettersteingebirge mit der markanten Alpspitze und Zugspitze.

Stadtbesichtigung An den ersten Häusern stoßen wir auf die Partnach, der wir nach rechts folgen. Links in die Längenwangstraße, erreichen wir Garmisch am Kurparkparkplatz. Egal wohin es uns bei der Stadtbesichtigung verschlägt, an diese Stelle werden wir im Anschluss zurückkommen. Wir befinden uns übrigens nun im Ortsteil von Garmisch, der Ortsteil von Partenkirchen liegt ein gutes Stück östlicher, während die Skisprungschanzen und das ehemalige Olympiagelände südöstlich von uns liegen. Aber vom Kurpark sind wir schnell in der Fußgängerzone von Garmisch und können auch die beiden Martinskirchen, die Neue und die Alte, besuchen.

Neue Loisachwege Dann treten wir die Rückfahrt an. Wieder geht es vom Kurpark zurück auf die andere Seite der Partnach und wir folgen zunächst dem gleichen Weg zurück, den wir

Einkehrtipps

Viele Einkehrmöglichkeiten für die unterschiedlichsten Geschmäcker gibt es vor allem in Garmisch. Weitere Gasthäuser liegen in Oberau oder in Eschenlohe (Taverna Athena und Gasthof »Zur Brücke«) oder am Ende der Tour in Ohlstadt »Gasthaus zur Post«.

gekommen sind. Erst kurz nach der Gärtnerei müssen wir aufpassen. Wenn wir die Bundesstraße überquert haben, biegen wir scharf nach links ab und queren gleich darauf auf einer kleinen Brücke die Loisach. Auf der anderen Seite setzen wir den Weg nach rechts fort. Die Straße wendet sich nach links, wir bleiben geradeaus und queren am Spielplatz den Lahnenwiesgrabenbach. So bleiben wir rechts haltend dem Loisachufer treu. Unter der Bahn hindurch schieben wir besser, zumindest heißt es Kopf einziehen. Gleich danach queren wir vorsichtig die Straße. Die Loisach gibt weiterhin die Richtung vor. Für uns ist es herrlich, dass beide Uferwege entlang der Loisach verschieden sind, damit bleibt die Radtour abwechslungsreich. Schließlich treffen wir in Farchant auf die Brücke, die wir vom Hinweg schon gesehen haben. Unmittelbar vor ihr beginnt ein schmaler Weg, sodass wir weiterhin auf der westlichen Flussseite bleiben.

Rund um den Marien- und den Mohrenplatz befindet sich die Ortsmitte von Garmisch.

Das ist zwar nicht der offizielle Radweg, aber er lässt sich gut befahren und er sorgt weiter für viel Abwechslung – Fußgänger haben natürlich Vorrang! Wieder geht es über Almweideflächen, wir erreichen eine schöne weite Kiesfläche, an der wir gut ans Wasser gelangen. Schließlich führt der Weg vom Fluss weg und mündet am Pitzikotbach in einer Querstraße. Kurz nach links, und dann gleich wieder rechts geht es an den Gleisen entlang bis zur Loisachbrücke in Oberau. Diesmal queren wir sie, biegen dann jedoch gleich links in die Straße zum Klärwerk ein, wo unser Weg wieder in einen ungeteerten Uferweg übergeht. Wir radeln mal mehr und mal weniger nah am Flussufer entlang und genießen noch einmal das Loisachmoor mit seinen Auwasserbecken, in denen sich Biber einen Lebensraum gesucht haben. Schließlich kommen wir an einem großen Viehgatter (bitte wieder schließen!) zurück nach Eschenlohe. Für den Rückweg bis Ohlstadt bleiben wir weiterhin auf der rechten Uferseite. Von der Loisachbrücke aus radeln wir in die Heubergstraße. Noch bevor die Bahn unseren Weg kreuzt, wendet sich der Weg nach rechts und wir radeln entlang der Gleise durch Weidewiesen nach Norden. Im Ortsteil Buchenried biegen wir rechts in den Buchenweg, gleich links in die Von-Kühlmann-Straße und erneut rechts in den Greutweg. So vermeiden wir die stark befahrene Autostraße und kommen über das Warmfreibad von Ohlstadt zur Badstraße, in der wir rechts bis zur Boschetstraße, die wir vom Hinweg bereits kennen, gelangen. Jetzt sind es nur noch wenige Meter zum Startplatz zurück.

Manche Straßenzüge im Ortsteil Garmisch wirken immer noch wie aus einem Bergdorf.

15 Rund um den Mittenwalder Kranzberg

Buckelwiesen und Bergseen

mittel | 30 km | 350 Hm | 3 Std.

Tourencharakter
Technisch sehr einfache Tour, meist auf breiten unbefahrenen Forstwegen, aber doch mit einigem Auf und Ab. In und um Mittenwald muss man mit Straßenverkehr rechnen. Badesachen nicht vergessen!

Ausgangs-/Endpunkt
Bahnhof Mittenwald

GPS
47.440586, 11.265361

E-Ladestation
Gasthaus Ferchensee und Goas Alm stellen bei Verzehr Lademöglichkeiten zur Verfügung.

Anfahrt
Bahn: Mit der Bahn nach Mittenwald, vom Bahnhof nach Süden, links über die Gleise und dann rechts in den Mühlenweg zur Innsbrucker Straße. Auffahrt erfolgt dann minimal nach links versetzt
Pkw: Auf der A95 bis zum Autobahnende, weiter auf der B 2 von Garmisch nach Mittenwald. Der Parkplatz P3/Schwarzenfeld unterhalb der Karwendelbahn ist ausgeschildert.

Information
www.alpenwelt-karwendel.de

Die Tour beeindruckt vor allem durch die Bergseen, das gigantische Alpenpanorama und dazu zwei Schlösser. Absolut einmalig sind jedoch die Buckelwiesen, eine geologische Kostbarkeit, entstanden durch den Isargletscher. Und auch in der lebendigen Mittenwalder Altstadt wird einem nicht langweilig.

Erster See Vom Mittenwalder Bahnhof radeln wir über den Bahnhofsplatz nach Norden und biegen dann rechts in die Dammkarstraße ein, der wir über die Gleise folgen. Dann nehmen wir rechts den Mühlenweg und folgen der Vorfahrtsstraße, die nach der Linkskurve zum Weidenweg wird, und queren die Isar. Dahinter halten wir uns rechts in die Straße Im Schwarzenfeld, passieren den Parkplatz P3 (Autofahrer) und radeln nun, die Abzweigung zur Karwendelbahn ignorierend, lang in

südliche Richtung. Wir überqueren die Bahn und erreichen auf der Lindlahnerstraße die Innsbrucker Straße. Sofort überqueren wir die junge Isar und nach nur wenigen Metern schalten wir den Gang runter und den Turbo zu, denn es geht nach links aufwärts in die Leutascher Straße. Die ersten 350 Meter teilen wir noch mit den Autos, aber in der ersten Serpentine bleiben wir geradeaus in den nur für Anlieger freigegebenen Forstweg. Nun steht der nächste längere, jedoch nicht besonders steile Anstieg bevor. Wir passieren einige Ferienhäuser, von deren Parkplatz wir einen schönen Blick auf Mittenwald erhaschen, dann geht es direkt in westlicher Richtung zum Lautersee. Die direkte Uferstraße ist jedoch nur Fußgängern vorbehalten, so bleiben wir für die Weiterfahrt auf der etwas oberhalb des Südufers gelegenen Zubringerstraße und genießen das herrliche Panorama über den Bergsee auf das Karwendelmassiv.

Auf der anderen Seite von Mittenwald beginnt das Karwendel.

Zweiter See Wir radeln auf dem Hauptweg weiter und verlieren auf dem Weg zum Ferchensee schon wieder an Höhe. Hier finden wir unmittelbar neben der Strecke einige schöne Badestellen. Im Sommer sollte man sich die Abkühlung in diesem grün leuchtenden Bergsee nicht entgehen lassen. Er ist nicht so kalt wie er aussieht! Wir passieren das Gasthaus Ferchensee und gut 800 Meter danach teilt sich unser Weg. Rechts geht es für gut

Oben: Schloss Elmau vor den felsigen Spitzen des Wettersteingebirges

Unten: Es gibt Bemühungen, die wunderschönen Buckelwiesen unter den Schutz des UNESCO-Welterbes zu stellen.

konditionierte Mountainbike-Fahrer hinauf auf den Kranzberg. Wir bleiben jedoch links und halten uns gut 100 Meter weiter rechts, um fortan der Beschilderung »Rund um den Kranzberg« oder »Zum Schloss Elmau« zu folgen.

Hideaways in den Bergen Die Fahrt verläuft fast eben und so erreichen wir schnell das wunderschön gelegene Schlosshotel Elmau, das jedoch nur für Hotelgäste geöffnet hat. Deshalb passieren wir den Parkplatz und radeln dann rechts in die Elmauer Straße, eine Mautstraße, auf der auch einige Autos unterwegs sind. Mit Hilfe unseres E-Bikes ist ein kleiner Gegenanstieg leicht zu meistern, danach erreichen wir das nächste Luxushotel, Schloss Kranzbach. Es erinnert an ein Castle aus den schottischen Highlands und das ist auch so gewollt. Die englische Aristokratin und Musikerin Mary Isabel Portman ließ es 1913 von den bekannten englischen Architekten Detmar Blow und Fernand Billerey entwerfen. Es sollte ursprünglich ein Gästehaus mit privatem Konzertsaal und Rasentennisplätzen für ihre zahlreichen Künstlerfreunde werden. Nach der Fertigstellung durchkreuzte der Erste Weltkrieg diesen Plan und Miss

Am Lautersee oberhalb von Mittenwald

Portman kam nie mehr in diese Bergwelt zurück. Eine Zeitlang nisteten sich hier trotzdem viele illustre Künstler ein und das Haus mit seinem Countrystyle diente auch als Filmkulisse. Über viele Jahre hinweg wurde es schließlich von der evangelischen Kirche als Freizeitstätte benutzt, bis es 2003 an einen Hotelbetreiber verkauft wurde. Nun erstrahlt »Das Kranzbach« als Wellnesshotel für betuchte Gäste.

Erste Buckelwiesen Weiter folgen wir der Mautstraße und werden kurz vor Klais rechts auf einen Feldweg gelotst, der uns zu den ersten Buckelwiesen führt. Diese sind aus Bodenwellen entstanden, die am Ende der Eiszeit vom Gletscher durch das jahreszeitliche Vor- und Zurückrücken des Eises geformt wurden. Regen- und Schmelzwasser wurden, als die ersten Bäume standen, von diesen abgeleitet und so formten sich diese kleinen Buckel. Nach der Rodung der Wälder blieben sie zurück. Diese Landschaftsform

Einkehrtipps

Unterwegs liegt der Alpengasthof Barmsee. Besonders lecker und gut für eine Pause ist die Goas Alm an der Hochstraße der Buckelwiesen. Mit bester Aussicht stehen vor dem Haus Bierbänke, zu denen man sich im kleinen Hofladen bei der freundlichen Familie Sailer leckere Brotzeiten oder Kaffee und Kuchen holen kann. Ansonsten gibt es das Gasthaus Ferchensee, die Gröblalm sowie viele Möglichkeiten in Mittenwald am Ende der Tour.

ist so einzigartig, dass sie unter Naturschutz steht. Hier in der Gegend um Mittenwald gibt es besonders viele davon.

Nächste Seen Wir erreichen eine Autostraße, die wir etwas nach rechts versetzt samt Bahnlinie queren, nur um uns dann links Richtung Tennsee zu halten. Mit einer kleinen Abfahrt halten wir uns dann links, um den Tennsee nicht direkt anzusteuern, denn er ist von einem großen Campingplatz umgeben. So passieren wir nur die Zufahrt zum Campingplatz, radeln unter der großen Bundesstraße durch und können nun im Alpengasthof Barmsee einkehren oder dem dahinter liegenden See einen Besuch abstatten. Nach der Pause folgen wir der Radwegbeschilderung nach Mittenwald, die uns entlang der Bundesstraße nach Bärnbichl, einen Ortsteil von Krün, führt. Kurz nach dem Café Landhaus Pfeiffer biegen wir dann rechts in die Hochstraße ein.

Genussvolle Landschaft »Nomen est Omen« macht die Straße ihrem Namen alle Ehre. Aufwärts geht es, bald unter der B2 hindurch. Entschädigt werden wir für unsere Mühe mit dem Blick auf die hübsche Kapelle Maria Rast, die viel jünger ist, als sie aussieht. Immer geradeaus liegt nun ein genussvoller Wegabschnitt vor uns. Mit Blick auf das Karwendel links und

Mittenwald

Als die Römer das Land nördlich der Alpen eroberten, bauten sie eine Straße vom Inntal über Seefeld nach Augsburg. Sie führte durch den Wald zwischen Wetterstein, Karwendel und Estergebirge. Dabei entstand in der Waldregion eine Rodungssiedlung, die den Namen **»**Media Silva**«** erhielt, was nichts anderes als **»**Mitten im Wald**«** bedeutet. Die Römer verschwanden im Dunkel der Geschichte, aber Mittenwald blieb. Seine Bürger lebten von der Flößerei auf der Isar. Die Verlegung des Handelsmarkts von Bozen nach Mittenwald zwischen 1487 und 1679 brachte einen ersten großen wirtschaftlichen Aufschwung. Damit konnte sich auch der Geigenbau entwickeln, den der Mittenwalder Matthias Klotz in seine Heimat brachte. Bis heute gilt Mittenwald als Zentrum des Geigenbaus nördlich der Alpen. Im Markt ist die barocke Pfarrkirche St. Peter und Paul eine der großen Sehenswürdigkeiten. Die Fresken stammen von dem Augsburger Maler Matthäus Günther, einem der wichtigsten Künstler seiner Zeit. Er brachte viele Gesellen mit, sonst wäre die umfangreiche Arbeit nie bewältigt worden. Diese Männer begannen in ihrer Freizeit Hausfassaden zu bemalen. Die Fassadenmalerei, die Lüftlmalerei, nahm hier ihren Lauf und ist heute im ganzen Alpenraum zu bewundern.

die Garmischer Bergwelt rechts durchqueren wir die Buckelwiesenregion. So bringt uns die Hochstraße zur Goas Alm. Hier können wir gut eine Pause einlegen und sogar regional einkaufen. Der selbst gemachte Ziegenkäse schmeckt hervorragend, seine Rohstofflieferanten stehen rund um das Haus und lieben ebenfalls die saftigen Buckelwiesen.

Mittenwald und seine lebendige Marktstraße

Zurück nach Mittenwald Weiter folgen wir nun den Radwegschildern auf dem kleinen Sträßchen. Mittenwald ist gut ausgeschildert. Mit einer fantastischen Sicht auf die imposanten Bergrücken und Felswände des Karwendels geht es gleich darauf abwärts. An der nächsten Wegkreuzung bleiben wir rechts und fahren weiter den Berg hinab. Nach der Eisenbahnunterführung geht es dem Schild »Gröblalm« folgend nach links. Wir passieren den Schmalsee und treffen auf die Staatsstraße, in die wir für ein kurzes Stück links einbiegen (Pfad neben der Straße). Am Schild »Kranzberg Wandergebiet« verlassen wir die Straße anschließend nach rechts.

Jetzt haben wir hoffentlich noch etwas Energie im Akku, denn es geht zum letzten Mal durch den Wald aufwärts. An der Kreuzung biegen wir links ein und erreichen die Gröblalm, in der wir zum Finale noch einmal gut einkehren können. Abwärts folgen wir nur noch dem Gröblweg nach links und genießen dabei die Sicht auf Mittenwald. Der Weg bringt uns hinunter in den Ortsteil Gries. Mit einem Links-Rechts-Schwenk erreichen wir die Mathias-Klotz-Straße und damit den Anfang der Mittenwalder Fußgängerzone. Einer Besichtigung des Obermarkts steht nun nichts mehr im Wege und auch die mit Fresken verzierte Pfarrkirche St. Peter und Paul verdient einen Besuch. Weiter geht es dann aber durch die Hochstraße in die Bahnhofstraße und auf ihr ist es leicht, zum Bahnhof zurückzukehren.

16 Durch den Isarwinkel in die Jachenau

Mitten in den Bergen

schwer | 42 km | 500 Hm | 4 Std.

Tourencharakter
Eine Tour auf gepflegten Radwegen, auf Forststraßen, die jedoch teilweise mit Schotter befestigt sind, der beim Bergabradeln etwas Probleme machen kann. Vor allem, weil es sehr steil abwärts geht. Nur kurze Stücke führen auf Autostraßen. Unsere Akkus werden durch den Anstieg zum Sylvensteinspeichersee und hinauf zur Schronbachalm gefordert.

Ausgangs-/Endpunkt
Lenggries Bahnhof

GPS
47.67968, 11.57342

E-Ladestation
Lenggries, Altwirt, Marktstraße 13

Anfahrt
Bahn: Von München aus mit der BRB über Bad Tölz, nach Lenggries
Pkw: Auf der B 13 von Bad Tölz nach Lenggries. In Lenggries über die große Kreuzung und dann gleich links auf den Parkplatz hinter dem Bahnhof (max. vier Stunden). Wer viel länger parken möchte, parkt an der Lenggrieser Brauneckbahn.

Information
www.lenggries.de

Im südlichen Isarwinkel starten wir in Lenggries und radeln durch das Isartal, um mit einem knackigen Anstieg ins Tal der Jachenau zu wechseln. Bergblicke sind damit auf der ganzen Runde inkludiert, genauso wie Wildflüsse und der tiefblaue Sylvensteinspeicher.

Entlang der Isar Wir beginnen unsere Radtour am Lenggrieser Bahnhof und schieben durch die Bahnunterführung zu dem großen Parkplatz zwischen Bahn und Bundesstraße B 13. Hier beginnt auch die Tour für die Radler, die mit dem Pkw gekommen sind. Wir fahren in nördlicher Richtung zur Parkplatzeinfahrt und dann links hinunter zum Isarufer. Dort beginnt nach links unser Isarradweg, der uns bis zum Sylvensteinspeicher begleiten wird. Zunächst geht es zwischen der Bundesstraße und der Isar flussaufwärts. Wir

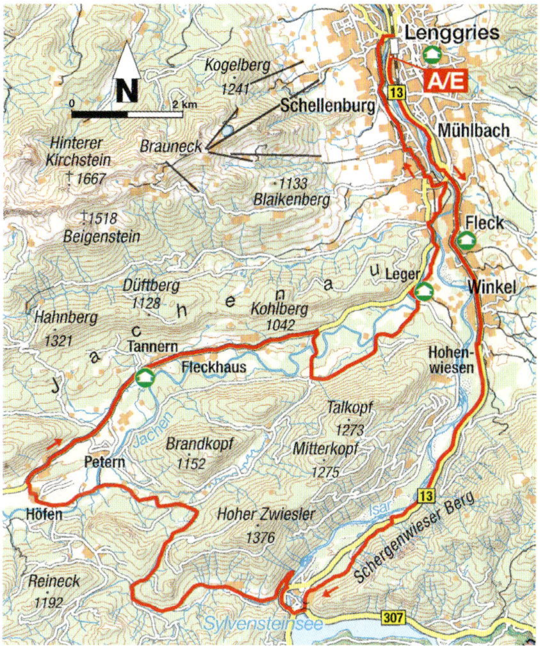

passieren zwei Baggerseen, die zur Aufzucht von Jungfischen genutzt werden. Das Brauneck sieht man über die Weiher gleich doppelt, es spiegelt sich wunderschön im Wasser. Wir wechseln nochmals die Straßenseite und unterqueren die Autostraße, die über die Bretonenbrücke führt. Das ist die letzte Isarbrücke vor dem Sylvensteinspeichersee. Kurz drauf endet der Radweg und wir fahren auf der B13 durch den Ort Fleck. Einst stand hier eine Papierfabrik, die das reichlich vorhandene Holz aus den Bergen nutzte. Der prachtvolle Gasthof »Zum Papyrer« erinnert noch daran. Ganz in der Nähe steht die kleine Annakapelle mit ihrem aufwendigen barocken Hochaltar. In seinem Zentrum sehen wir die heilige Anna mit ihrer Tochter Maria und ihrem Enkel, dem Jesuskind. Direkt benachbart ist die Bäckerei Bammer, bei der man sich noch mit einer Brotzeit für unterwegs versorgen kann, denn das nächste Gasthaus werden wir erst am Ende unserer Tour finden.

Kraftwerk Sylvenstein

Der Sylvensteinspeichersee wirkt wie ein natürlicher Bergsee.

Zum Sylvensteinspeicher Am Ortsende von Fleck beginnt wieder ein Radweg, auf dem wir viel zu schauen haben. Vor allem die prächtigen Bauernhöfe haben es uns angetan. Fast immer haben sie ein gemauertes Erdgeschoss und darüber einen zweistöckigen oder sogar dreistöckigen Holzblockbau. Dazu gehört ein Balkon, der überreich mit Blumen geschmückt ist. Nach Winkel queren wir die B13 und jetzt geht es mehr oder weniger dicht an der Isar entlang. Wir überqueren ein weiteres Mal die B13 und sind nun ganz froh über unseren elektrischen Schub. Der Weg steigt etwas steiler an, nähert sich Felsen und wir erreichen einen Tunnel. Zuvor blicken wir auf die tief unter uns liegenden Kraftwerksanlagen, dann geht es durch den Tunnel, der an der Dammkrone des Stausees endet. Über den Sylvensteinsee schauen die vielen Gipfel des Vorkarwendels zu uns herüber.

Einkehrtipps

Der Gasthof Papyrer in Fleck punktet mit bayerisch-thailändischer Küche. In der Jachenau treffen wir auf das Café »Beim Dannerer« und das Café Landerermühle.
In Lenggries gibt es am Ende viel Auswahl: Luna Piena/Wegscheider Straße, Dorfschänke/Bachmairgasse, Hotel Wirtshaus »Der Altwirt«/Marktstraße oder für den kleinen Hunger Café Konditorei Schwarz vor der Isarbrücke.

Ins Schronbachtal Jetzt sollten wir kontrollieren, ob unsere Akkus noch gut geladen sind. Gleich wird es steil und hört auch eine Zeitlang nicht auf.

Wer also feststellt, dass der Strom knapp werden könnte, bricht lieber ab und fährt den Hinweg zurück. Wir aber fahren über den Staudamm und dann rechts auf der B13 hinunter ins Tal. Unmittelbar vor der Isarbrücke zweigt links ein steiler Weg nach oben ab. Also Gänge runterschalten und dem Motor viel Strom spendieren, dann kommt man ohne allzu große Kraftanstrengung nach oben. Nach der Serpentine wird es schon flacher und nach der Rechtskurve haben wir den Anstieg geschafft. Vor uns liegt, etwas vom Weg abgezweigt, die Schronbachalm. Wenn die Sennerin auf der Alm ist, gibt es Getränke und Brotzeiten. Sonst steht im Brunnen ein Tragerl mit Getränken, das Geld dafür wirft man einfach in eine Kasse an der Hütte.

Bei der Überfahrt in die Jachenau kommen schöne Bergblicke nicht zu knapp.

In die Jachenau Nach der Rast an der Alm geht es zur Abzweigung zurück und zunächst mehr oder weniger nah am Schronbach entlang aufwärts. Bei der ersten Wegverzweigung verlassen wir das Schronbachtal nach rechts und fahren auf einer Forststraße aufwärts. Hier bleiben wir ungeachtet aller Abzweigungen immer auf dem breitesten Weg. Bei dem ersten (und einzigen) Wegweiser nehmen wir die Forststraße nach Höfen, auf keinen Fall den kürzeren Fußweg. Der passt für uns Radler überhaupt nicht! Jetzt dürfen wir uns freuen, ab hier geht es ständig abwärts. Aber Vorsicht, die Straße war, als wir sie gefahren sind, grob und

Wunderschöne, oft mit üppigen Blumen dekorierte Bauernhäuser säumen die Strecke.

tief aufgeschottert. Überdies ist sie teilweise recht steil. Wer unsicher ist, schiebt lieber ein Stück! Wir verlassen den Wald und können über eine Almwiese weit in das Tal der Jachenau schauen. Zu Fuß kann man auf einem Trampelpfad über eine Wiese zu einem Almkreuz mit Rastbank gehen. Ein ideales Brotzeitplatzerl. Im Norden stehen die Achselköpfe und die Benediktenwand, nach Westen schauen wir zum Rabenkopf und zum Jochberg und am Talboden liegen viele vereinzelte Bauernhöfe. Nach der Schaurast geht es weiter (Vorsicht!) sehr steil abwärts zur Jachen, die wir auf einer Brücke überqueren. Damit sind wir endgültig im Tal der Jachenau. Übrigens ist es interessant, dass die Jachenau früher zum Kloster Benediktbeuern gehörte. Der Talausgang zur Isar war so versumpft, dass man nur auf einem Saumpfad das

Lenggries

Nach der Tour lohnt sich ein Spaziergang durch Lenggries zur Pfarrkirche St. Jakob. Sie ist so groß, dass sie Dom des Isarwinkels genannt wird. Die erste Kirche entstand um 1200, der heutige Bau wurde 1722 nach ganz kurzer Bauzeit fertiggestellt. Am Hochaltar steht die Figur des Hl. Jakob, die noch aus gotischer Zeit stammt. Der Altar selbst entstand erst 1916, ist aber so geschickt an das Barock angepasst, dass nur Kunsthistoriker den Fake erkennen. Wer Lust hat, kann sich jetzt noch in der Isar abkühlen, direkt an der Isarbrücke sieht man die besten Stellen.

Tal Richtung Lenggries verlassen konnte, während nach Westen ein normaler Bergweg ins Tal führte.

Lenggries mit seinem Brauneck, einem herrlichen Wander- und Skigebiet

Zurück nach Lenggries Wir fahren geradeaus an der Jachen entlang nach Höfen und von dort auf die Autostraße. Auf ihr geht es nach rechts, dann erlöst uns bald ein neuer Radweg vom direkten Autoverkehr. Rechts von uns mäandert die Jachen, dabei wird das Tal immer enger. Man kann sich gut vorstellen, wie unpassierbar es zu der Zeit gewesen sein muss, als die Jachen das ganze Tal beherrschte. Dann, ganz plötzlich, endet der Radweg. Wir biegen scharf rechts ab, fahren wieder über die Jachen und passieren ein Moorgebiet, den letzten Rest der einstigen Sümpfe. Nach dem Feuchtgebiet geht es nach links zu einer alten Stauanlage. Hier wurde früher das auf der Jachen getriftete Holz an Land gezogen. Wir fahren zu den Häusern von Leger und können uns im Café Landerermühle einen Cappuccino samt hausgemachtem Kuchen genehmigen. Direkt nach dem Café biegen wir rechts ab und radeln auf dem gut markierten Radweg zur Mündung der Jachen in die Isar. Eine schmale Brücke bringt uns auf die andere Seite der Jachen. Dann führt uns der Radweg zur Bretonenbrücke, die wir schon vom Hinweg kennen. Wir könnten jetzt die Isar überqueren, um auf dem bekannten Weg zurückzukehren. Schöner ist es, auf dem markierten Weg durch Wegscheid zu radeln, um dabei die vielen liebevoll geschmückten Bauernhöfe zu bewundern. Auf der Jachenauer Straße kommen wir schließlich nach Lenggries, überqueren die Isar und die B13 und treffen so wieder auf unseren Ausgangpunkt.

17 Tegernsee, Spitzingsee und Schliersee

Mitten durch die Berge

schwer | 50 km | 1150 Hm | 4.30 Std.

Tourencharakter
Eine knackige Tour in Länge und Höhenmetern. Technisch ist sie nicht allzu schwer, denn sie verläuft überwiegend auf Radwegen oder Forststraßen, aber es stehen zwei längere Auffahrten bevor. Der Akku muss gut gefüllt sein, um die Tour zu bewältigen. Vor allem braucht man noch genügend Energie für die Querung vom Schliersee zum Tegernsee am Ende der Tour, die sehr hügelig ausfällt.

Ausgangs-/Endpunkt
Tegernsee, Bahnhof

GPS
47.714132, 11.757466

E-Ladestation
Tegernsee: Tourist-Information, Hauptstraße 2; Schliersee: Tourist-Information, Perfallstraße 4

Anfahrt
Bahn: Mit der Bahn zum Tegernsee, Haltestelle Ort Tegernsee
Pkw: Mit dem Auto an den Tegernsee. Zentralparkplatz am Olaf Gulbransson Museum

Information
www.tegernsee.com

Die knackigste Tour in diesem Buch, die sich jedoch mit etwas Kondition und vollem Akku gut bewerkstelligen lässt. Von Voralpen kann kaum mehr die Rede sein, wir radeln mitten in die herrliche Bergwelt rund um den Tegern- und Spitzingsee. Dabei verläuft die Tour vor allem auf Mautstraßen und das verringert den Autoverkehr erheblich.

Es beginnt gemütlich Wir fahren vom Bahnhof Tegernsee in südlicher Richtung in die Bahnhofstraße. Sie führt uns unweit des Klosters Tegernsees an die große Autostraße, die rund um den Tegernsee führt. Dieser folgen wir nun nach links, zum Teil auf

Wunderschön am See gelegen: Rottach-Egern

dem für Rad- und Fußgänger freigegebenen Gehweg. Unser nächstes Ziel ist Rottach-Egern, wir erreichen es an der Brücke über die Rottach. Ohne den Fluss zu queren folgen wir ihm flussaufwärts auf dem Ludwig-Thoma-Weg. Nach wenigen Metern senkt sich der Weg, dort biegen wir rechts in den schmaleren Weg in Flussnähe ein. Diesem folgen wir nun lange, auch über einige Kreuzungen, die wir meist im leichten Zickzack queren.

Langsam nähern wir uns den Bergen auf dem Rottacher Dammweg, der bald idyllisch von Bäumen gesäumt ist. Dann endet der Flussweg an der Kühzaglstraße. Hier kurz den Fluss queren und gleich wieder links, weiter auf der Valepper Straße, der wir noch sehr gemütlich bis Enterrottach folgen.

Kirche und Genuss schließen sich nicht aus, neben dem Kloster Tegernsee liegt das legendäre Bräustüberl.

Für den Besuch der Rottacher Wasserfälle stellen wir die Räder kurz ab.

Aufwärts zur Sutten Ab jetzt wird es anstrengend und die erste längere und steile Auffahrt steht bevor. Zumindest müssen wir keine Mautgebühr berappen und passieren einfach die Schranke, an der sich an manchen Tagen Autos stauen. Diese überholen uns jedoch schnell wieder, denn trotz unserem Antrieb sind sie immer noch viel schneller als wir. Nach einem ersten Aufschwung sehen wir rechts unter uns die Rottacher Wasserfälle, die eigentlich eine Pause wert sind. Immer weiter bergauf passieren wir Parkplätze, die Suttenbahn und einige Almen. Jetzt haben wir schon mal 250 Höhenmeter geschafft. Kurz wird es etwas flacher. Nach dem Suttensee geht es wieder bergauf, aber am Wechselpass haben wir es erst mal geschafft.

Ins Tal der Weißen Valepp Jetzt rollen wir hinab ins Tal der Weißen Valepp. Bald begleitet uns der kleine Fluss, nur von den Bergen ist vor lauter Wald nicht viel zu sehen. An der Brennerklamm rücken die Felsen etwas an die Straße heran, damit nähern wir uns dem Zusammenfluss der Roten und Weißen Valepp. Hier teilt sich die Straße, nach links werden wir auf der nächsten Mautstraße weiterradeln. Rechts führt ein Abstecher zum Forsthaus Valepp, einer Einöde mitten in den Bergen. Früher war das ein sehr beliebtes Gasthaus, das nun leider schon seit ein paar Jahren geschlossen hat. Die Wiesen vor dem Gasthaus mit der Kapelle eignen sich aber immer noch gut für eine Brotzeit. Die Pause schadet sicherlich nicht, denn nun steht der nächste lange Anstieg bevor.

Die kleine Bergkapelle Maria Hilf in der Valepp ist nur mit einem Abstecher erreichbar.

Spitzingsee mit dem dahinterliegenden Jägerkamp

Zum Spitzingsee Man kann sich nicht verirren. Stets der kleinen Straße nach Norden folgend, geht es immer weiter bergauf. Nicht zu steil, aber eben permanent. Achtung: Auch diese Straße ist nicht ganz autofrei, mit dem Linienbus und landwirtschaftlichem Verkehr ist zu rechnen! Achten sollte man nun auch auf die schöne Aussicht, die sich spätestens ab dem Blecksteinhaus einstellt. Langsam radeln wir entlang von Almwiesen vorbei an der Albert-Link-Hütte und treffen an der Wurzhütten endlich auf den Spitzingsee. Spätestens hier haben wir eine Pause verdient, und wer es erfrischend mag, kann in den See hüpfen.

Über den Sattel bergab Jetzt immer am Ufer entlang und die letzten 40 Höhenmeter hinauf zum Spitzingsattel, dann liegt eine lange Abfahrt vor uns! Auf der Spitzingstraße gibt es kaum Kurven und schon gar keine Serpentinen. Aber trotzdem auf die Geschwindigkeit achten! Wer den Autoverkehr scheut, kann nach dem ersten Stück Abfahrt an einem Parkplatz links auf die alte Spitzingstraße ausweichen. Von dort

Einkehrtipps

Unterwegs müssen wir nicht verhungern, wenn auch die ersten Einkehrmöglichkeiten etwas spät, ab dem Spitzingsee, auftauchen. Die Albert-Link-Hütte ist eine sehr gute Empfehlung, ebenso die Spitzing Alm, die zum Arabella Hotel Spitzingsee gehört. In Neuhausen/Fischhausen gibt es das Café Stazione oder mit einem Abstecher rechts auf der Neuhauser Straße die Alperie oder das Slyrs – Caffee & Lunchery. Bei Gasse lockt der Hofladen Oberbuchberger's und am Ende erwartet uns im Ort Tegernsee das legendäre Bräustüberl am Kloster.

Auf der Alten Spitzingstraße hinunter ins Josefstal müssen wir unbedingt vorsichtig fahren.

geht es weiter steil bergab. Wir erreichen das Tal im Ortsteil Josefsthal südlich von Neuhaus.

Entlang des Schliersees Jetzt radeln wir auf der Josefsthaler Straße nach Norden. Sie mündet in die große Neuhauser Straße, der wir kurz nach links folgen. Vor den Gleisen biegen wir erneut links ein und erreichen den Bahnhof Fischhausen-Neuhaus, an dem Bahnfahrer die Runde schon vorzeitig beenden könnten. Im Café Stazione direkt am Bahnhof kann man sich einen guten Espresso gönnen, das nette Lokal ist ein Geheimtipp. Ansonsten geht es am Bahnhof vorbei und dann rechts durch die Unterführung (Radwegschild) ans Schlierseeufer hinunter. Jetzt folgen wir der für Autos gesperrten Uferstraße nach links und dürfen so völlig verkehrsfrei am Schliersee-Westufer entlangradeln. Wir passieren die Rixner Alm und einige schöne Badestellen. Uns begleiten die Gleise der Bayerischen Regiobahn, Radwegschilder lotsen uns nach Schliersee. An einem Wanderparkplatz ist unsere Uferstrecke zu Ende. Wer den Ort Schliersee besuchen möchte, biegt hier rechts über die Gleise und folgt ihnen dann nach links.

Entlang der Schlierach Alle anderen halten sich links der Schienen, erreichen damit die Breitenbachstraße und folgen ihr weiter in Fahrtrichtung. Kurz darauf geht es links in die Schlierachstraße und damit haben wir den Königssee-Bodensee-Radweg erreicht. Malerisch geht es bald an der Schlierach entlang. Der Radweg endet zunächst an einer großen Ortsdurchgangsstraße, auf der wir für etwa 600 Meter nach links radeln. Am TÜV biegen wir links in die Nagelbachstraße ein und schon sind wir aufwärts weiter auf dem Königssee-Bodensee-Radweg unterwegs.

Im Auf und Ab Jetzt ist hoffentlich noch genug Akku übrig, denn auf diesem Streckenabschnitt hat es der Königssee-Bodensee-Radweg ganz schön in sich. Im steten Auf und Ab geht es der

Radwegbeschilderung nach über Wiesen und durch Wälder. Schließlich umrunden wir die Weiler Oberschuß und Unterschuß und kommen zu den Oedberg-Liften, im Sommer gibt es dort eine Rodelbahn. Kurz darauf sind wir am Ortsanfang von Ostin, wo sich die Straße teilt. Wir bleiben links und radeln 350 Meter später erneut links den Niemandshügel hinunter. Vor uns breitet sich eine Bilderbuchlandschaft aus. Wir blicken auf das Nordende des Tegernsees und auf dem gegenüberliegenden Ufer in die Berge hinter Bad Wiessee. Von denen stechen vor allem der markante Hirschberg und die Ringspitz heraus. An den nächsten Häusern und der Querstraße geht es wieder links, wir passieren den Wanderparkplatz »Neureuth« und bleiben dann auf der Hauptstraße, die steil bergab durch den Buchbergweg (unterwegs liegt Hofladen Oberbuchberger's) hinunter zum Tegernsee führt.

Für einen Bergsee erwärmt sich der Schliersee im Sommer erstaunlich schnell.

Tegernsee Uferradweg Dort führt uns der Uferradweg nach links die letzten Kilometer zurück. Dabei passieren wir den Ort Tegernsee mit der hübschen Uferpromenade, seiner berühmten Klosterkirche und dem noch berühmteren Tegernseer Bräustüberl. Der Radweg verläuft stellenweise auf dem breiten Fußweg, ganz angenehm, um nicht auf der viel befahrenen Straße radeln zu müssen. So ist, bevor wir unseren Ausgangspunkt wieder erreichen, bestimmt noch Zeit für eine Pause am Ufer mit Blick über den Tegernsee.

18 Rund um den Pölven

Kiefersfelden, Kufstein und der Kaiserblick

mittel | 50 km | 450 Hm | 4 Std.

Tourencharakter
Eine Tour meist auf Flusswegen und Fahrradstrecken. Ein größerer und längerer Anstieg ist zu meistern. Der Rückweg verläuft dann aber völlig eben auf dem Inntalradweg.

Ausgangs-/Endpunkt
Kiefersfelden, Bahnhof

GPS
47.610071, 12.190245

E-Ladestation
Kufstein: Einkehrplatzl am Innradweg

Anfahrt
Bahn: Mit der Bahn bis Kiefersfelden im Inntal
Pkw: Auf der A93 bis zur Ausfahrt Kiefersfelden, in der Ortsmitte Beschilderung zum Bahnhof folgen. Dort gibt es Parkplätze.

Information
www.kufstein.com

Rechte Seite: Von Söll blicken wir auf den Wilden Kaiser.

Ein Ausflug nach Tirol, so lässt sich diese Fahrradrunde auch bezeichnen. Durch das schöne Inntal geht es flussaufwärts nach Kufstein und auf traumhaften Wegen rund um den Großen Pölven. Der Blick auf das Kaisergebirge ist garantiert.

Auf nach Tirol Wir beginnen unsere Radtour am Bahnhof in Kiefersfelden und radeln auf der Bahnhofstraße zunächst in nordöstliche Richtung. Die Straße mündet in die Marmorwerkstraße, der wir nach rechts entlang des Kieferbachs folgen. Kurz darauf geht es nach rechts, geradeaus ist der Weg nur noch für Fußgänger freigegeben. Dann biegen wir links in die Innstraße ein und erreichen auf ihr den Inn und damit den Innradweg. Jetzt geht es flussaufwärts und bald schon verlassen wir Kiefersfelden mit herrlichem Blick auf den Pendling.
Ein bisschen eingeklemmt zwischen dem Fluss und den Gleisen der Bahn dauert es nicht lange und wir haben die Grenze nach Österreich überschritten. Schon nähern wir uns Kufstein und unterqueren dafür die Autobahn. Die Besichtigung der Altstadt heben wir uns für die Rückfahrt auf und deshalb ignorieren wir zunächst alle Brücken über den Fluss und gönnen uns nur einen schönen Blick auf die Flusshäuser und die erhaben darüber liegende Festung. Wir haben die Altstadt schon passiert, da radeln wir noch einmal unter einer Brücke durch und erreichen etwas später den Endacher Steg. Erst jetzt queren wir den Inn und folgen anschließend der Beschilderung nach »Schwoich/Söll«.

Bergauf über die alte Eibergstraße Dafür werden wir in südlicher Richtung geradeaus, bald auf der Einfangstraße und dann mit einem Links-Rechts-Schwenk in die Klammstraße gelotst. Am Ende der Klammstraße geht es links über die Weißache und dann rechts, auf einem Radwegstreifen entlang der leider viel befahrenen Landstraße. Obendrein geht es leicht bergauf,

aber dafür haben wir ja unseren Turbogang. So lässt sich dieser Wegabschnitt, der landschaftlich eigentlich sehr reizvoll ist, schnell bewältigen. Nach einem knappen Kilometer haben wir es geschafft und wir erreichen an der Trattoria Napoli die Abzweigung nach Schwoich. Hier biegen wir nach rechts ein, queren die Weißache abermals und setzen unmittelbar dahinter links unsere Fahrt auf dem Radweg fort. Wobei sich ein kurzer Stopp am Freiluft ZementMuseum, in dem restaurierte Brennöfen zu bestaunen sind, lohnt. Ansonsten radeln wir weiter bergauf und sind nun auf der alten Eibergstraße, aber doch völlig separiert von der heutigen Autostraße, unterwegs. Nach dem Gewerbegebiet wechseln wir wieder auf die andere Seite des Bachs und halten uns vor dem großen Zementwerk rechts weiter auf die ansteigende Straße in Richtung Söll. Nun sind wir wirklich froh über unsere Elektrobikes, denn wir werden über einige Serpentinen mit steter Steigung auf den Eiberg geführt.

Einkehrtipps

Unterwegs treffen wir auf viele Möglichkeiten für eine gelungene Einkehr. Entlang der Strecke liegen u. a. Gasthof Oberstegen, in Söll: »Die Krummerei«, Dorfstubn oder Pizzeria Giovanni; Rösslwirt in Mühltal, Gasthof Schroll in Kirchbichl und zum Finale in Kufstein viele gute Restaurants rund um den Stadtplatz oder an der Innpromenade.

Auf und Ab auf kleinen Wegen nach Söll Kaum haben wir einen Steinbruch passiert, biegen wir rechts ein und schon rauschen wir wieder abwärts. Das Auf und Ab setzt sich fort und wir radeln an der Talseite weiter in die Berge hinein. Bald nähern wir uns wieder der Weißache, die wir schließlich queren. Ein kurzes Stück folgen wir noch dem Fluss, dann geht es rechts durch eine Unterführung zum gut sichtbaren Gasthof Oberstegen, der sich für eine erste Rast hervorragend lohnt. Für die Weiterfahrt biegen wir vor dem Gasthaus links in die ansteigende Straße Pölven ein. So erreichen wir den kleinen Moorsee, der sich für eine Schaurast lohnt. In seinem Wasser spiegeln sich die Gipfelspitzen des Kaisergebirges. Dahinter geht es ein letztes Stück bergauf und am Campingplatz Franzlhof sind wir in Dorfbichl, einem Ortsteil von Söll. Jetzt nur noch bergab und wir erobern die Ortsmitte von Söll am Fuße der Hohen Salve. Das Zentrum ist nicht groß, aber es lohnt sich auch für eine gemütliche Einkehr.

Schon wieder geht es bergauf, diesmal auf dem Römerweg zum Alten Erbhof.

Im Moorsee bei Söll spiegelt sich der Kaiser.

Brixenthaler Ache Danach radeln wir ein Stück in Richtung Dorfbichl zurück. Bevor die Straße wieder ansteigt, halten wir uns an der Wegegabelung bei der Pizzeria Giovanni links und radeln nun in Richtung Wörgl. Die Straße steigt wieder an und führt zum Ortsteil Pirchmoos. Unsere Schweißtropfen werden mit schönster Aussicht über Söll auf das Kaisergebirge entschädigt. Zur Schaurast bietet sich die Pirchmoser Kapelle an. Unmittelbar vor der Kapelle biegen wir links ein und radeln über die Felder bergab. Der Landstraße folgen wir auf einem Radweg in Fahrtrichtung, nach der Firma Zott halten wir uns dann rechts (Schild »Am Steinerbach«). Bald darauf wechseln wir nur kurz auf die andere Seite der Straße zur Talstation des Itter-Lifts, dann geht es schon zurück auf die ursprüngliche Seite und weiter mit etwas Abstand parallel zur Autostraße. So fahren wir, die Landstraße wieder touchierend, durch Mühltal, wo der historische Rösslwirt zur Einkehr lockt. Nachdem wir erneut ein Stück entlang der Landstraße radeln, biegen wir rechts in den Römerweg ein, der uns leicht aufwärts zum Alten Erbhof Kellerhaus führt. Ein schön angelegter Rastplatz kommt uns für die tolle Aussicht auf die Hohe Salve gelegen. Dahinter biegen wir links ein, es geht bergab und dann rechts in die Lofererstraße in den Ortsteil Bruckhäusl. Kurz nach der modernen Kirche halten wir uns links in Richtung Brücke über die Brixenthaler Ache. Ohne den Fluss zu queren beginnt hier ein Radweg entlang der Ache.

Über Kirchbichl zum Innradweg Wir nähern uns dem Grattenberghügel mit seiner Kapelle. Bevor wir ihn erreichen, biegen wir in der Höhe eines Fußgängerstegs rechts ab und folgen der Beschilderung nach Kufstein über die Lofererstraße hinweg in die Hans-Neuner-Straße. Die Radwegbeschilderung lotst uns rechts in den Badweg und an der Vorfahrtsstraße links in die Anzensteinstraße (kein Schild). Vorbei an einigen neuen Häusern verlassen wir das Tal der Brixenthaler Ache und bleiben an der nächsten Wegkreuzung geradeaus in Richtung Kirchbichl/Strandbad. Rechter Hand sehen wir nun zum ersten Mal den Großen Pölven, den Berg, den wir auf dieser Radtour umrunden. Vorbei am Hofladen Pranzhof führt uns die Lindenstraße zu einer Wegverzweigung. Wir halten uns links, radeln um einen alten Bauernhof herum und biegen dann links-rechts in die größere Oberndorferstraße ein. Sie führt nach Norden, wir queren die große Tiroler Straße in Fahrtrichtung und erreichen in der Ulricusstraße die Dorfmitte von Kirchbichl an der Kirche und dem Gasthof Schroll. Direkt dahinter biegen wir links in die Schreinergasse ein, bremsen etwas, denn noch im Bergabschwung geht es für uns vor dem Holzzaun nach rechts in Richtung Innradweg. Der für Autos gesperrte Weg führt unter der Bahn hindurch und kurz darauf folgen wir dem Innradweg.

Auf nach Kufstein Wir queren eine Straße, die auf die andere Seite des Inns führen würde, aber wir bleiben unserem Ostufer treu. Kurz darauf nehmen wir mit einer Rechtskurve Abstand vom Inn, radeln durch ein Wohngebiet, unterqueren erneut die Gleise,

Kufstein

Als »Perle Tirols« wird Kufstein in einem romantischen Lied verklärt, es hat in den Nachkriegsjahren die kleine Stadt am »grünen Inn« weltweit bekannt gemacht. Wer Kufstein einmal besucht hat, wird dem Text des Songs wohl rechtgeben. Das zeigt sich rasch, wenn wir von der Innbrücke kommend beim Marienbrunnen am Unteren Stadtplatz stehen und unseren Blick über den sanft ansteigenden Markt schweifen lassen. Links zieht sich eine geschlossene Häuserfront mit kleinen Geschäften und Cafés den Berg hinauf und endet bei dem historischen Gebäude der Sparkasse aus dem Jahr 1877. Rechts dominiert die Festung über dem Zwiebelturm der Pfarrkirche St. Vitus und dem Stufengiebel des Rathauses mit seinen charakteristischen rot-weißen Fensterläden. Die Festung erreichen wir mit der Panoramabahn. Die Fahrt und der Besuch der wichtigsten Museen ist in dem Festungs-Kombiticket enthalten. Kein Ticket benötigen wir, wenn wir die Heldenorgel, die sich in der Festung befindet, erleben wollen. Sie wird täglich um 12.00 Uhr gespielt, der gewaltige Klang ihrer 4300 Pfeifen ist 10 Kilometer weit zu hören.

um anschließend wieder über die Felder zu radeln. Schließlich erreichen wir eine Wegverzweigung, hier biegen wir ganz links ein (klitzekleines Radwegschild am Zaun), und zum Finale geht es entlang des Glaurachbachs zum Inn zurück. Ihm folgen wir nun stur flussabwärts und erreichen nach einer Staustufe am Recylinghof den südlichen Ortsrand von Kufstein. Dort lotst uns die Radwegbeschilderung vorbei am Krankenhaus in die Wagingerstraße, von der wir bald links in die Einfangstraße einbiegen, die wir von der Hinfahrt bereits kennen. Auf ihr erreichen wir wieder den Inn. Diesmal queren wir ihn nicht, sondern setzen nach rechts unsere Fahrt auf der Innpromenade fort. Spätestens wenn die Fußgängerdichte sich verstärkt, sind wir im Herzen der Altstadt. Jetzt lassen wir die Räder am besten stehen, sperren sie gut ab und erkunden Kufstein zu Fuß.

Die mächtige Festung ist das Wahrzeichen von Kufstein.

Kufstein und seine Straßencafés am Unteren Markt

Zurück über die Grenze Für die letzte Etappe bleiben wir auf der Altstadtseite in Flussnähe und queren erst am Fischergriessteg den Inn. Auf der anderen Seite haben wir den Hinweg wieder erreicht, dem wir jetzt zurück nach Kiefersfelden folgen.

19 Deisenhofen und sein Gleißental

Abenteuerlustig durch den Münchner Süden

schwer | 42 km | 400 Hm | 4 Std.

Tourencharakter
Rundtour meist auf Radwegen, kleinen Nebenstraßen, Forstwegen und ein paar Pfaden. Schwierig nur, weil eine sehr steile Steigung zu meistern ist (ca. 400 Meter), bei der man evtl. schieben muss, und auch im Gleißental gibt es einen sehr wurzeldurchsetzten kurzen (50 Meter) Pfadabschnitt. Feuchte Wege nach Regen! Im Sommer Badesachen nicht vergessen!

Ausgangs-/Endpunkt
Deisenhofen Bahnhof

GPS
48.019384, 11.583365

E-Ladestation
Unterwegs keine

Anfahrt
Bahn: Mit der Bahn oder S-Bahn von München nach Deisenhofen
Pkw: Deisenhofen liegt bei Unterhaching, im Münchner Süden. Park-and-Ride-Parkplätze am Bahnhof

Information
www.wolfratshausen.de

Nicht immer radeln wir auf dieser Tour über offizielle Radwege, es darf auch einmal holprig sein! Aber umso mehr kommen wir in den Genuss herrlicher Natur und dichter Wälder. So erlebt man nicht nur das Isartal bei Puppling, sondern auch das Gleißental, ein Trockental mit einer besonderen Geschichte.

Durch den Deisenhofener Forst Wir beginnen unsere Radtour am Bahnhof in Deisenhofen und wechseln auf seine westliche Seite. Von dort starten wir auf der Sauerlacher Straße nach Süden, die Gleise zu unserer Linken. Die nächsten zwei größeren Straßen queren wir, schon lichtet sich die Bebauung und schließlich queren wir auch noch die große Dietramszeller Straße. Auf der anderen Seite radeln wir entlang der Gleise, passieren die Waldsiedlung und biegen dann rechts in die ausgeschilderte

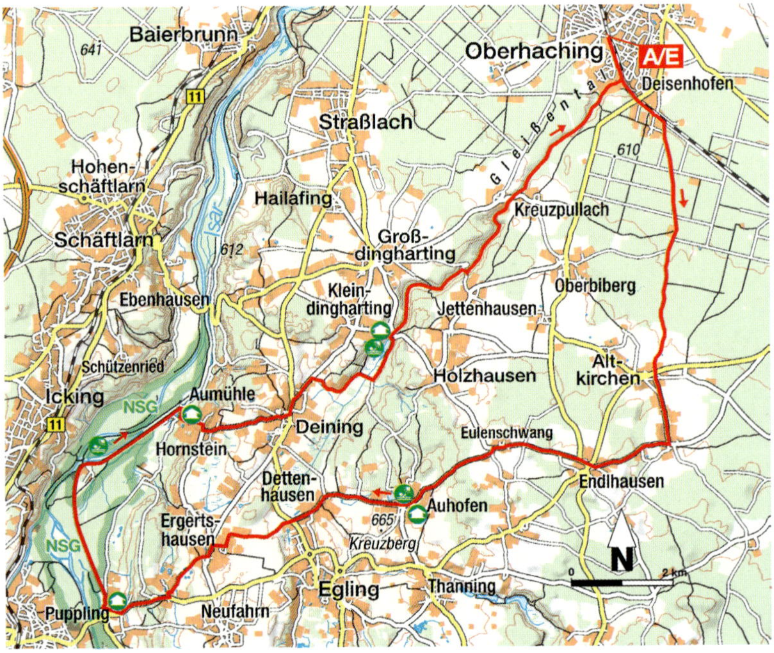

Altkirchner Straße ein. Schon sind wir mitten im Landschaftsschutzgebiet des Deisenhofener Forsts unterwegs. Umgeben von dichtem Grün, radeln wir schnurgerade auf dem Forstweg entlang der verschiedenen Parzellen, die den ganzen Wald quadratisch untergliedern. Das vereinfacht die Bewirtschaftung. Trotzdem erwartet uns kein eintöniger Fichtenwald, sondern ein sehr abwechslungsreicher Mischwald, bei dem man immer wieder wild durchwühlte Stellen am Boden entdecken kann. Das waren Wildschweine, die den Boden nach Fressbarem durchwühlt haben. Nach einer Lichtung mit einem Wasserreservoir dauert es nicht mehr lange, wir verlassen den Wald und radeln über die Felder nach Altenkirchen.

Abwechslungsreich über Dörfer nach Wolfratshausen In Altenkirchen queren wir die Dorfstraße und radeln über Kleineichenhausen nach Großeichenhausen. Dort biegen wir an der Kapelle rechts ein und folgen der Beschilderung nach Endlhausen. Auch dort queren wir die größere Hauptstraße in die Oberbiberger Straße, halten uns aber dann in der Rechtskurve der Vorfahrtsstraße geradeaus. Schnell sind wir über die Felder im kleinen Weiler Eulenschwang mit seiner hübschen Georgskapelle auf einem Hügel. Nach dem Dorfweiher halten wir uns auf der Straße

Links: Der Aufhofener Weiher ist neben dem Deininger Weiher und der Isar die dritte Möglichkeit für erfrischenden Badespaß auf dieser Tour.

Rechts: Der wunderschöne alte Bildstock steht bei Eulenschwang am Wegrand.

links, passieren ein Wegkreuz und schon geht es rechts in Richtung Aufhofen. Nach einem Waldstück erreichen wir das Dorf, das durch seinen hervorragenden Gasthof Jägerwirt weithin bekannt ist. Für die Weiterfahrt passieren wir den Gasthof und kurz darauf den Aufhofener Weiher. Wenige Minuten später sind wir schon in Dettenhausen, das wir ebenfalls geradeaus durchqueren. Schließlich mündet unsere kleine Straße in der großen Deininger Straße unweit von Egling. Geradeaus geht es für uns weiter und dann kommt unser E-Motor zum Einsatz. Bergauf geht es nach Ergertshausen, das wir mit einem Links-Rechts-Schwenk an der Mariä-Himmelfahrts-Kirche erreichen.

Abwärts nach Wolfratshausen In Ergertshausen folgen wir der Dorfstraße links und biegen dann rechts in den Riedhofweg ein. An seinem Ende geht die Straße in einen Feldweg über, der uns geradeaus etwas holprig bergabführt. Aussichtsreich radeln wir über den Golfplatz Riedhof und stoßen kurz darauf an eine größere Autostraße. Ihr folgen wir nach rechts auf einem parallel dazu verlaufenden Radweg, der uns bergab zum Gasthof Aujäger in Puppling bei Wolfratshausen führt. Wer die Innenstadt besichtigen möchte, hält sich am Aujäger links, um dann nach rechts die Isar zu queren. Von dort folgt man dem Radweg entlang der Sauerlacher Straße in die Altstadt von Wolfratshausen an der Loisach.

Durch die Isarauen Für die Rückfahrt wenden wir uns am Gasthof Aujäger jedoch nach rechts und halten uns an der Weggabelung links. So radeln wir nun auf der verkehrsberuhigten Straße in Isarnähe durch das Naturschutzgebiet der Pupplinger Au. Noch ist vom Fluss nicht viel zu sehen, das ändert sich am Ickinger Stauwehr, an dem ein Teil des Wassers in den Isarkanal abgezwackt wird. Wer ein erfrischendes Bad möchte, kann hier den Kanal queren und auf der anderen Seite in den Ickinger Eisweiher hüpfen. Aber Vorsicht: Nomen est Omen! Der Weiher ist auch im Hochsommer überraschend kalt. Ansonsten bleiben wir auf der

Einkehrtipps

In Aufhofen gibt es den beliebten Jägerwirt, es lohnt sich, einen Platz zu reservieren. In Wolfratshausen wartet dann entweder der Aujäger (Mo und Di Ruhetag) am Beginn der Pupplinger Au oder die Aumühle (So und Mo Ruhetag) auf uns. Aber auch am Deininger Weiher kann man gut im Restaurant Waldhaus einkehren.

Links: Wer im Ickinger Eisweiher baden möchte, muss am Stauwehr auf die andere Seite des Isarkanals wechseln.

Rechts: Das Gasthaus Aujäger liegt ziemlich genau auf der Hälfte der Strecke.

rechten Kanalseite und folgen dem Wasserlauf zur Aumühle mit ihrer Fischzucht. Hier biegen wir scharf rechts ein, passieren das Gasthaus Aumühle und radeln somit ein Stück in ursprünglicher Richtung zurück.

Schweißtreibend trotz Turbo Noch in der Höhe der Fischweiher teilt sich die Straße, jetzt halten wir uns links und sammeln alle unsere Kräfte. Ein schweißtreibender Ritt auf unseren E-Bikes steht bevor. Angesichts der Steigung hilft wirklich nur die Turbo-Unterstützung. Auf Schildern wird sogar empfohlen, abzusteigen, denn ein paar Regenwasserrinnen ziehen sich über den unebenen Forstweg. Aber zum Glück ist es schattig und alles gut überschaubar! Am Isarhochufer angekommen, sind wir in Hornstein mit seiner kleinen Georgskirche. Hier halten wir uns nun rechts und gleich wieder links und folgen der Beschilderung nach Deining. Jetzt wieder auf einer Straße, steigt der Weg nochmals etwas an, aber das ist kein Vergleich mehr mit vorher. Schon sind wir in Deining und treffen in Fahrtrichtung an der Kirche auf die Alte Tölzer Straße. Wir folgen ihr nach links, passieren einige Holzbauernhöfe und halten uns dann rechts in die Talstraße (Schild »Deininger Weiher«).

Über den Deininger Weiher ins Gleißental Kaum radeln wir über die Felder, weist uns die Beschilderung zum Deininger Weiher nach rechts auf einen Feldweg. Diesem folgen wir in einer langen Links- und dann einer Rechtskurve. Dabei radeln wir über den verlandeten moorigen Seegrund mit seinem Zulaufgraben. Kurz

Gleißental

Als am Ende der letzten Eiszeit, vor gut 10 000 Jahren, der Isar-Loisach-Gletscher schmolz, bahnte sich das ablaufende Wasser an vielen Stellen Wege. Eine der Schmelzrinnen war das Gleißental, durch das sich das Wasser 40 Meter tief in die Erdschichten fräste. Heute ist es ein Trockental, denn der Gleißenbach, der aus dem Deininger Weiher fließt, versickert nach wenigen Hundert Metern im Erdreich. Immer noch gibt es im Gleißental Feuchtbiotope, an denen sich viele Amphibien, aber auch Schmetterlinge und andere Insekten tummeln.

danach biegen wir links zum Weiher ab und unser Radweg trennt sich vom direkten Seeuferweg, der den Fußgängern vorenthalten ist. So erreichen wir das Waldhaus, eine begehrte Einkehr direkt am Wasser. Dahinter geht es über den Parkplatz zur Gleißentalstraße. Diese queren wir minimal nach links und folgen nun dem Gleißenbach in das gleichnamige Tal. Dieser Streckenabschnitt ist eigentlich kein offizieller Radweg, aber es ist auch nicht verboten, das Zweirad zu benutzen. Nach einer Regenzeit kann der Weg aber ziemlich matschig sein. Trotzdem ist es herrlich, durch dieses einsame, fast völlig naturbelassene Tal zu radeln. Wir bleiben immer auf dem Hauptweg und irgendwann verlandet der Gleißenbach neben uns. Dann endet der Weg an einer Gabelung. Hier nur kurz rechts und gleich wieder links und schon setzen wir unsere Reise durch das Gleißental auf der anderen Seite des nicht mehr vorhandenen Bachs fort. Der Weg wird deutlich schlechter. Wenn die Wurzeln kommen, schieben wir besser ein

Links: Im ehemaligen Steinbruch des Gleißentals hat die Natur wieder das Regiment übernommen.

Rechts: Locker, weil fast brettleben, radeln wir durch die Pupplinger Au.

kurzes Stück. Unser Weg führt schließlich leicht bergauf und stößt auf eine Autostraße. Hier kurz links und gleich wieder rechts und weiter geht es jetzt wieder auf der linken Seite im Gleißental.

Der Deininger Weiher ist sowohl als Badesee wie für eine Einkehr sehr beliebt.

Malerisches Tal Die Natur gleicht immer noch einer Wildnis, kaum zu glauben, dass wir jetzt ganz in der Nähe der Großstadt München sind. Das Tal soll übrigens dem Maler Carl Spitzweg als Motivvorlage zu einem seiner weltberühmten Werke inspiriert haben. Man vermutet, dass das Gemälde »Rast des Malers« hier entstanden ist. Für uns geht es weiter in nördliche Richtung. Vorbei an einem eingezäunten Trinkwasserbecken passieren wir einen kleinen Amphibienteich und bald danach müssen wir aufpassen. Rechts unseres Wegs liegt ein imposanter ehemaliger Steinbruch, den wir auf einem Pfad erreichen, der aber vom Hauptweg nur schwer einsehbar ist. Im Halbkreis wurde hier Nagelfluh abgebaut, übrigens auch für die Fundamente der Liebfrauenkirche, dem Dom von München. Bis heute dient der Platz für sommerliche Theateraufführungen, aber schon vor über 50 Jahren war der Steinbruch Drehort für den Kinofilm »Ein Wirtshaus im Spessart«. Ab dem Steinbruch sind es dann nur noch wenige Minuten geradeaus leicht bergauf und dann verlassen wir das Gleißental in die Zivilisation. Zum Finale sind wir nun in der Stefanienstraße, die schon in Deisenhofen liegt. Am Ende der Straße stoßen wir auf die Gleise der Bahn und damit auf unseren Hinweg, dem wir nun zurück zu unserem Ausgangspunkt folgen.

Deining

Deining liegt östlich der Isar und wird schon zu Beginn des 9. Jahrhunderts in einer Urkunde als Dahininga erwähnt. Durch das Dorf verläuft eine der Straßen, auf der die Flößer nach jeder Münchenfahrt zurück in die Heimat wanderten. Darauf weist auch das Patrozinium der Pfarrkirche hin, die dem Hl. Nikolaus geweiht ist. Er ist der Patron aller, die auf dem Wasser unterwegs sind. In Deining beeindrucken vor allem die prächtigen Bauernhäuser mit ihren massiven Holzkonstruktionen. Sie gehen bis ins 17. Jahrhundert zurück. Ein beliebtes Ausflugsziel ist der Deininger Weiher. Dieser Moorsee ist nur knapp zwei Meter tief und erwärmt sich deshalb im Frühjahr sehr rasch, ideal zum Baden.

20 Von Otterfing nach Wolfratshausen

Radtour mit der S-Bahn

mittel | 42 km | 400 Hm | 3.45 Std.

Tourencharakter
Hügelige Streckenradtour, die an ein paar wenigen Stellen Orientierungssinn voraussetzt. Zum Teil radeln wir über holprige Forstwege, dafür mit wenig Verkehr. Bademöglichkeit im Hackensee

Ausgangspunkt
Otterfing Bahnhof

Endpunkt
Wolfratshausen Bahnhof

GPS
47.911017, 11.681894

E-Ladestation
Wolfratshausen: Hammerschmiedweg 3, an der Stadtbücherei

Anfahrt
Bahn: Mit der S-Bahn nach Otterfing
Pkw: Lohnt kaum die Anreise, denn es sind zwei unterschiedliche S-Bahn-Strecken

Information
www.tourismus.wolfratshausen.de

Eine ideale Radtour für alle S-Bahnfahrer und alle, die für die Anreise auf ein Auto verzichten wollen. Einmal quer durch den Münchner Süden, entlang des Teufelsgrabens geht es durch den Dietramszeller Wald und über die aussichtsreichen Hügel östlich der Isar.

Sagen und Legenden im Teufelsgraben Los geht es vom Otterfinger S-Bahnhof in die Bahnhofstraße. Die große Münchner Straße queren wir etwas nach links und radeln in der Dietramszeller Straße weiter. Nach wenigen Metern biegen wir links in die Palnkamer Straße ein. Nach der kleinen Kapelle haben wir den Weiler Palnkam erreicht und folgen rechts der blau-gelben Wegbeschilderung »Hackensee«. An der großen Linde mit dem Findling verlassen wir Palnkam links auf einem Feldweg. Dieser teilt sich, wir bleiben links und erreichen den Wald. Der Forstweg zieht sich nun am Rand des Teufelgrabens in südliche Richtung. Wir bleiben immer auf dem Hauptweg in Fahrtrichtung und erreichen schließlich eine Autostraße. Hier biegen wir links ein und es geht abwärts in den Teufelsgraben. Auf der anderen Seite müssen wir wieder bergauf, dank Antrieb ist der Anstieg aber schnell geschafft.

Über den Hackensee nach Dietramszell Nach dem einsam auf einer Lichtung liegenden Hof Baumgarten biegen wir am Waldrand rechts auf den Feldweg ein, der uns zur nächsten kleinen Straße bringt. Hier geht es nun rechts nach Buch, dort links nach Kleinhartpenning. Hier folgen wir den Schildern zum Hackensee, den wir abwärts im Wald erreichen. Der idyllische See ist ein Naturparadies und eine Pause wert. Vor dem See wenden wir uns nach links, wer jedoch baden möchte, folgt dem Pfad am nördlichen Ufer. An der Wegegabelung mit dem großen Holzlager halten wir uns rechts. Über weitere Weiher geht es dann aufwärts in den Dietramszeller Wald. Wander- oder Radwegschilder sind hier nur rar gestreut, aber mit etwas Orientierungs-

Links: Am Hackensee

Rechts: Neben der Klosterkirche von Dietramszell liegt die hervorragende Klosterschänke ideal zur Einkehr.

sinn ist das zu schaffen. Wir bleiben stets auf dem Hauptweg, der uns im Auf und Ab zu einer größeren querenden Forststraße führt. Auf ihr geht es nach rechts weiter, an einer weiteren, etwas größeren Kreuzung, wo der Hauptweg sich nicht ganz klar hervorhebt, wieder rechts, stets in nordwestlicher Richtung aus dem Zeller Wald. So erreichen wir schließlich Dietramszell mit seiner Klosterkirche. Das ehemalige Augustinerchorherrenstift ist ein barockes Gesamtkunstwerk. Aber nicht nur die Fresken von J. B. Zimmermann verlangen etwas Aufmerksamkeit, gegenüber der Kirche dürfen wir auch ganz banale Gelüste im Klosterwirt befriedigen.

Kapelle St. Sebaldus bei Egling

Romantische Dörfer Nach der Pause geht es am Kloster rechts haltend in die Dorfmitte von Dietramszell. Bevor die Straße sich nach links wendet, biegen wir rechts in die Ostener Straße und dann links in die Rieder Straße ein. So kommen wir nach Ried, einen Weiler mit wunderbaren, alten Bauernhöfen und einer herrlichen Lage mit Blick auf die Alpen. Gleich nach den ersten Häusern halten wir uns links in den Feldweg, der uns, einmal die große Straße querend, hinunter zum Wallfahrtskirchlein St. Leonhard führt. Auch diese Kirche ist ein wahrer Kunstgenuss. Dann folgen wir der Straße nach Föggenbeuern. Dort biegen wir nach der Dorfkapelle rechts ein und radeln auf einem Höhenrücken über Hölching, bald nach links und erreichen Harmating mit seinem privaten Schloss und der St. Leonhardskapelle. Dort setzten wir geradeaus den Weg fort und es geht abwärts bis zum Harmatinger Weiher. Gleich nach den Häusern und der kleinen Weiher Kapelle biegen wir links in den Feldweg ein, das Schild der Firma Modahum weist uns den Weg. Nach dem Firmengebäude geht es rechts über die Felder nach Ascholding. Wir queren die große Autostraße und folgen nun der Radwegbeschilderung am Ortsrand. Wer sich die wunderbaren historischen Holzbauernhäuser von Ascholding ansehen möchte, unternimmt einen Abstecher nach rechts in die Dorfmitte. Ansonsten queren wir nach links den Mühlbach, dann geht es schon wieder nach rechts, bis wir die größere Autostraße, die Hauptstraße, erreichen.

Der Teufelsgraben

Am Ende der letzten Eiszeit begannen die gewaltigen Eismassen, mit denen die Alpen bedeckt waren, zu schmelzen und flossen nach Norden. Ein Teil davon staute sich plötzlich nördlich von Bad Tölz. Das Wasser suchte sich einen neuen Weg und spülte östlich von Tölz eine etwa 23 Kilometer lange und tiefe Schlucht nach Norden, den heutigen Teufelsgraben. Einige Tausend Jahre später fand die Isar einen anderen Weg und der Graben trocknete aus. Weil man sich früher die Entstehung nicht vorstellen konnte, schob man sie dem Teufel in die Schuhe, der damit den Münchnern das Isarwasser abgraben wollte.

Zur Pupplinger Au in Variationen Wer hier schon genug von der Tour hat, kann auf ihr links ein

Links: Im Gasthaus zur Post in Egling kann man gut einkehren, dafür müssen wir jedoch an der Sebaldusmühle ein Stück nach rechts radeln.

Rechts: Wolfratshausen liegt an der Loisach.

Stück abkürzen. Die Straße führt durch die Pupplinger Au entlang der Isar. Im Sommer ist sie jedoch stark von Ausflüglern befahren und lohnt sich nur, wer noch unbedingt einen Badestopp an der Isar einlegen möchte. Viel schöner und völlig verkehrsberuhigt geht es geradeaus über die Straße und dann immer am Hang oberhalb des Moosbachs entlang. Vorbei an Fischweihern und den ersten Häusern von Oberegling erreichen wir schließlich den Ortsrand von Egling. Gleich nach dem ersten Bauernhaus, der Sebaldusmühle, biegen wir scharf nach links ein und erreichen die Kapelle St. Sebaldus an ihrem Weiher. Vor der Kirche geht es nach links, steil aufwärts auf einem schmalen Pfad in den Wald. Dieser Wegabschnitt ist nur kurz und lässt sich, vor allem für den, der sich unsicher fühlt, besser schiebend bewerkstelligen. Sobald wir den Wald verlassen, geht es wieder flacher weiter. Wir bleiben geradeaus und radeln am markanten Veiglsberg mit seinem Baum vorbei. Links-rechts haltend erreichen wir Neufahrn. Im netten Café Hanfstingl können wir uns noch einmal stärken, bevor es nun endgültig auf dem Pupplinger Weg ins Isartal hinabgeht. Wir erreichen Hochreuth bei Puppling, vor der Kapelle radeln wir weiter abwärts bis zur Autostraße. Nach rechts erreichen wir in wenigen Minuten die Isarbrücke und – wer möchte – den urigen Biergarten Aujäger. Jetzt geht es nur noch links, über die Isarbrücke auf der Sauerlacher Straße. Sie führt uns direkt zur S-Bahn in Wolfratshausen.

Einkehrtipps

Jede Menge Möglichkeiten entlang der Strecke. Sehr zu empfehlen ist in Dietramszell der Klosterwirt, in Egling das Gasthaus Oberhauser, in Neufahrn das Café Hanfstingl und in Puppling das Gasthaus Aujäger.

21 Von Holzkirchen um den Taubenberg

Moränenhügel und Mangfall

mittel | 36 km | 350 Hm | 3.30 Std.

Tourencharakter
Überwiegend auf Radwegen und einsamen Nebenstrecken geht es rund um den Taubenberg. Die meiste Steigung ist am Beginn der Tour, ein steilerer Abschnitt erwartet uns bei der Auffahrt nach Weyarn.

Ausgangs-/Endpunkt
Holzkirchen Bahnhof

GPS
47.884128, 11.696863

E-Ladestation
Spiralschacht Thalham im Mangfalltal

Anfahrt
Bahn: Mit der Bahn oder S-Bahn nach Holzkirchen
Pkw: Holzkirchen liegt im Südwesten von München an der A 8, Park-and-Ride-Parkplätze am Bahnhof oder auf einem der anderen Stellplätze

Information
www.holzkirchen.de

Viele kleine Höhepunkte, wie das Naturdenkmal Steindl-Allee, die Kunstschätze in der Weyarner Klosterkirche, die spektakuläre Autobahnbrücke oder die Valleyer Brauerei liegen entlang der Strecke und sorgen für viel Abwechslung.

Durch Holzkirchen zur Allee Los geht es am Bahnhof in Holzkirchen. Vom Bahnhofsplatz aus folgen wir nahe den Gleisen dem kleinen Bahnhofsweg nach Süden, der links der Metzgerei Kraft beginnt. Auf dem Radweg queren wir die nächste Straße und stoßen nach dem Friedhof auf eine größere Straße. In diese biegen wir rechts ein, um sie gleich wieder nach links, in die Frühlingsstraße, zu verlassen. Nach wenigen Metern geht es rechts auf die Marienstraße, die uns zum Holzkirchner Marienplatz bringt. An der großen Kreuzung am südlichen Ende des Marienplatzes geht es für

Am Marktplatz von Holzkirchen

uns weiter. Wir radeln noch über die Ampeln in die Tölzer Straße und halten uns dann aber sofort links in die Thanner Straße. Dort erreichen wir nach dem Wertstoffhof den neuen Friedhof, wo wir unbedingt links einen Abstecher zur schönen Steindl-Allee unternehmen müssen. Dafür lassen wir dann die Räder kurz stehen.

Oben: Thann bei Holzkirchen

Unten: Die Steindl-Allee hat ihren Namen dem engagierten Lehrer Johann Nepomuk Steindl zu verdanken.

Über Pferdegestüte nach Warngau Zurück am Friedhof radeln wir in ursprünglicher Richtung weiter. Wir sind jetzt auf dem Bavarica-Tyrolensis-Radweg unterwegs und gleichzeitig auf der Than-

Steindl-Allee

Johann Nepomuk Steindl, seines Amtes Lehrer in Holzkirchen, pflanzte die nach ihm benannte Allee zusammen mit seinen Schülern zwischen 1878 bis 1894. Er mag ein wirklich außergewöhnlicher Pädagoge gewesen sein, der nicht viel von geraden Linien hielt, denn nur so konnte der 400 Meter lange gewundene Pfad in Schlangenlinienform aus Sommerlinden entstehen.

ner Straße, denn so heißt auch unser nächstes Ziel: Thann. Mit viel Sonne rollen wir über die Felder, die Alpen fest im Blick. Kurz darauf sind wir in Thann, das für seine Reitanlage und den Polo- Club bekannt ist. Fast in allen alten Bauernhöfen sind Pferde untergebracht und es herrscht ein reges Treiben von Ross und Reitern. Nach der Kirche geradeaus weiter wendet sich die Straße nach links und wir erreichen die Gleise der Bayerischen Regiobahn. Ohne sie zu queren, geht es für uns nun rechts auf einen Feldweg. Mal mehr, mal weniger nah entlang der Schienen, treffen wir bald auf den Ortsrand von Oberwarngau. Dort stoßen wir auf ein Sträßchen, dem wir bis zum nächsten Bahnübergang folgen. Hier biegen wir links ein und radeln schnurgerade durch den Ort, auf einer Brücke die tiefer gelegte Bundesstraße querend. Die Straße nennt sich nun Taubenbergstraße und führt nach dem Edeka-Markt eine Rechtskurve um die Warngauer Kirche herum. Wir bleiben ihr treu und verlassen den Ort nach Süden zur frei stehenden Wallfahrtskirche Allerheiligen. Wir halten uns rechts und radeln, leicht bergauf, durch Reitham.

Die Wallfahrtskirche Allerheiligen liegt zwischen Oberwarngau und Reitham.

Kaum jemand vermutet eine so große Klosteranlage in dem kleinen Dorf Weyarn.

Taubenberg und Mangfalltal Fast am Ortsende geht es dann zwischen Häusern durch und schließlich nach links zum Weiler Böttberg. Dort biegen wir rechts in die größere Straße ein und jetzt geht es bergab nach Einhaus. Dort gabelt sich am Ortsende die Straße, jetzt verlassen wir den Bavaria-Tyrolensis-Radweg und halten uns zweimal kurz hintereinander links. Wir radeln nun an der südlichen Flanke des Taubenbergs entlang. Die wunderbare bäuerliche Landschaft ist geprägt von Wiesen, prächtigen Höfen und alten Bäumen. Bald stößt von rechts der Münchner Wasserweg zu uns, sein Symbol weist uns nun wieder den Weg und langsam rollen wir immer weiter abwärts in Richtung Mangfalltal. Auf dem Weg passieren wir noch Gotzing mit seiner kleinen Kirche. Spätestens dort haben wir uns eine Einkehr im Gasthaus »Gotzinger Trommel« verdient. Danach geht es nun steil zur Mangfall hinunter. Im Tal treffen wir auf die Bahngleise, die wir jetzt nach rechts queren, nur um gleich wieder links weiter zu fahren. Wir erreichen den Spiralschacht Thalham mit

Ignaz Günther

Weltkunst vom Feinsten können wir in der Pfarrkirche St. Peter und Paul bewundern, der ehemaligen Stiftskirche der Augustinerchorherren. Die Schnitzfiguren von Ignaz Günther, unter andern eine Verkündigung mit dem Erzengel Gabriel, eine Beweinung Christi und eine triumphierende Maria vom Siege, gehören zu den feinsten Kunstwerken, die im ausgehenden Barock entstanden sind. Welche Qualität diese Bildwerke besitzen, erkennt man am deutlichsten, wenn man sie aus der Nähe, nötigenfalls mit einem Fernrohr betrachtet. Die Kleidung ist von einer staunenswerten Lebendigkeit, die Hände, sogar jedes Fingerglied ist bis ins Letzte ausgearbeitet. Einzigartige Weltkunst!

Kurz vor dem Mühltal nähern wir uns der Mangfall.

einer Infostation über das Münchner Wasser. Noch ist die Mangfall weit weg, aber weiter in nördlicher Fahrtrichtung nähern wir uns ihr oder ihren Altwasserarmen immer wieder.

Weyarn Der Wasserradweg endet für uns unweit der Bruckmühle, früher eine sehr gute Wirtschaft, heute leider geschlossen. Das macht aber nichts, denn das nächste Highlight wartet, auch wenn wir dafür die Energie unseres Akkus schröpfen müssen. Wir biegen rechts in die Straße ein, queren die Mangfall und nun geht es sehr steil aufwärts nach Weyarn. Wer die berühmten Skulpturen von Ignaz Günther in der Klosterkirche besichtigen möchte, biegt rechts in den Klosterweg ein und radelt zur ehemaligen Klosterkirche. Der Klosterweg führt aber auch zum Klostercafé, das sich natürlich bestens als Ersatz für die Bruckmühle anbietet. (Wer keinen Kulturstopp möchte, bleibt aus dem Mangfalltal kommend geradeaus und biegt dann links in das Gewerbegebiet »Am Weiglfeld« ein. Alle anderen wählen die J.-B.-Zimmermann-Straße nach links und erreichen am Kreisverkehr den Edeka-Markt.) Dort halten wir uns links und biegen dann rechts ebenfalls in das Gewerbegebiet ein. Wir folgen der Radwegbeschilderung, passieren die Kletterhalle und dann wird es abenteuerlich. Nach der kleinen Kapelle führt der Radweg aufgehängt unterhalb der Autobahn hoch über der Mangfall und quert das tiefe Flusstal. Auf der anderen Seite halten wir uns links-rechts, radeln parallel zur Autobahn und erreichen die Ortstraße querend den Bahnhof von Darching.

Die Filialkirche St. Martin in Fellach erreichen wir erst am Ende der Runde.

Valley Nun weisen uns die Radwegschilder nach Valley. Wir unterqueren die Autobahn, dahinter geht es gleich nach links und schon fahren wir durch Unterdarching und im fließenden Übergang der Orte nach Valley. Wer sich in der Schlossbrauerei stärken möchte, radelt durch den Ort und hält sich nach der Kirche rechts in die Graf-Arco-Straße. Ansonsten biegen wir vor der Kirche links ein und verlassen Valley gleich erneut nach links im Brunnenweg. Zuerst im Zickzack über Felder, sind wir gleich im schattigen Wald unterwegs.

Fellach, Föching und Finale Fellach, unser nächstes Ziel, erreichen wir nach dem Bahnübergang in der Sollacher Straße. Sie bringt uns zur Hauptstraße, in die wir links einbiegen. Nach der Autobahnunterführung sind wir in Föching. Auf der Hauptstraße geht es durch den Ort, aber fast am Ortsende halten wir uns links in den Haidlandweg. Wir erreichen den Holzkirchner Ortsrand, nachdem wir durch eine Unterführung geradelt sind. Zunächst fahren wir kurz rechts zur Rosenheimer Straße, biegen links, dann rechts in die Erich-Kästner-Straße ein, die wir vor dem neuen Gymnasium links in die Karl-Stieler-Straße verlassen. An ihrem Ende erreichen wir wieder den Holzkirchner Bahnhof, unseren Ausgangspunkt.

Einkehrtipps

Unterwegs können wir in der »Gotzinger Trommel« einkehren, im Valleyer Schlossbräu oder beim Kirchenwirt in Valley. Zum Finale gibt es in Holzkirchen noch viel Auswahl.

22 Westerham, Glonn und Weihenlinden

Der westliche Landkreis Rosenheim

mittel | 50 km | 450 Hm | 4 Std.

Tourencharakter
Überwiegend auf Radwegen, einsamen Nebenstrecken und ein paar holprigen Feldwegen geht es über viele kleinere Hügel. Zwei steilere Auffahrten sind dabei, aber zum Ausklang der Tour sind die letzten zehn Kilometer völlig eben.

Ausgangs-/Endpunkt
Westerham Bahnhof

GPS
47.904256, 11.828578

E-Ladestation
Unterwegs keine

Anfahrt
Bahn: Mit der Bahn nach Westerham
Pkw: Westerham ist ein Ortsteil der Gemeinde Feldkirchen Westerham, die zwischen Aying und Bruckmühl an der Mangfall liegt.

Information
www.marktgemeinde-glonn.de

Unglaublich, wie viele kleine und große Hügel die letzte Eiszeit im Voralpenland hinterlassen hat. Das E-Bike ist auf dieser Runde beschäftigt, dafür dürfen wir uns über herrliche Landschaften, das romantische Kupferbachtal, stattliche Bauernhöfe, idyllische Wälder, einen Brauereibiergarten, eine prächtige Wallfahrtskirche und schließlich über den Mangfall-Radweg freuen.

Über Unterreit nach Oberlaus Startplatz ist der kleine Bahnhof in Westerham. Wir radeln mit dem Bahnhof im Rücken rechts in die Bahnhofstraße und verlassen sie kurz darauf links in den Schierbachweg. Dieser wird zur Heubergstraße, die in der Von-Andrian-Straße endet. Jetzt geht es nach links und gleich steigt unsere Straße kräftig an. Zum Glück sind wir im Wald, wir passieren die IHK-Akademie, wo wir uns rechts halten. Aber kaum

erreichen wir wieder die Felder, so radeln wir eben zu einem Wegedreieck mit Kapelle. Jetzt rechts haltend, queren wir die Landstraße und radeln geradeaus durch Unterreit. Steil führt der Weg abwärts zu einer T-Kreuzung. Wer möchte, kann hier das Rad kurz abstellen und zu Fuß das Stollwerck-Mausoleum im Wald besuchen. Die sehr romantisch gelegene Grabstätte von Fanny und Carl Stollwerck aus der Kölner Schokoladendynastie wird heute als evangelische Kirche benutzt. Ansonsten biegen wir nun links ein, radeln über die Felder erneut aufwärts, in einer Rechtskurve am Hof Buchberg vorbei, bis wir auf die größere Landstraße stoßen. Links davon beginnt unser Radweg, den wir aber nach wenigen Minuten erneut nach links auf den Feldweg (Schild »Oberlaus«) verlassen. Der Feldweg gabelt sich, wir halten uns rechts, der Untergrund wird ganz schön holprig, und dann heißt es kräftig treten und den Turbo einlegen, denn es geht steil bergauf nach Oberlaus.

Durch das Kupferbachtal nach Glonn Etwas unterhalb der Höfe von Oberlaus stoßen wir auf eine Autostraße, der wir nun nach links folgen. Immer noch bergauf, verlassen wir sie kurz darauf nach rechts und radeln durch Kaps bergab zum Gut Spielberg mit seinen beeindruckenden Angusrindern und den vielen

Links: Das versteckt im Wald liegende Mausoleum kennen noch nicht einmal alle Einheimischen.

Rechts: Im Kupferbachtal

Einkehrtipps

Idealerweise liegt im letzten Drittel der Tour der Biergarten der Brauerei Maxlrain direkt an der Strecke. Danach verläuft der Radweg fast nur noch eben, was angesichts eines gut gefüllten Bauches nicht verkehrt ist. Wer eine eigene Brotzeit dabeihat, findet aussichtsreiche Rastplätze in Jakobsbaiern oder in Antholing am Sportplatz. In Glonn gibt es noch das Wirtshaus zur Wiesmühle oder am Piusheim das Café Glonntaler Backkultur.

weidenden Pferden. Unmittelbar vor dem Hof biegen wir links ein, halten uns dann sofort rechts und rollen vorbei am Löschweiher ins Kupferbachtal. Das wunderschöne Landschaftsschutzgebiet ist von dem glasklaren Wasser des Bachs geprägt. Auf beiden Seiten erstrecken sich Feuchtwiesen, ein Eldorado für Schmetterlinge und Libellen. Die Straße wendet sich nach links, zunächst durch ein Quellgebiet. Das stark kalkhaltige Wasser tritt als Hangquellen aus dem Boden und bildet kleine Quellteiche. Fast mystisch liegen sie hier im Wald. Erst wenn wir wieder in der Sonne sind, nähern wir uns dem Kupferbach. So erreichen wir den Weiler Reisenthal, der aus zwei Höfen und einer Kapelle besteht. Weiter geradeaus bringt uns das Teersträßchen direkt nach Glonn, das wir an der Wiesmühle erreichen.

Auf und Ab bis Jakobsbaiern Dort biegen wir rechts in die Reisenthalstraße ein und bergauf geht es zur größeren Autostraße. Auf ihr geht es weiter rechts bergauf, aber dann verlassen wir sie schon im spitzen Winkel nach links in die Mattenhofener Straße. Wir verabschieden uns von Glonn am Waldfriedhof und bergab geht es über die Felder nach Mattenhofen. Dort halten wir uns am Wegedreieck rechts, minimal bergauf und verlassen an der nächsten Wegverzweigung den Ort nach links. (Achtung, die Stelle ist ohne Beschilderung, aber man muss sie finden, denn sonst geht es nicht weiter.) Wer alles richtig gemacht hat, passiert gleich das kleine Feuerwehrhaus von Mattenhofen und radelt auf einem Feldweg 600 Meter bergauf zum Wald. Nach einem kurzen schattigen Stück geht es schon wieder sonnig abwärts und wir erreichen die Glonn an einem alten Wasserkraftwerk. Rechts des Backsteinbaus führt ein Weg ins große Gelände des Piusheims. Das ganze Gelände der heutigen Privatschule ist ziemlich verwinkelt. Rechts-links haltend, müssen wir auf jeden Fall an die Nordseite des um 1912 erbauten und imposanten Haupthauses gelangen. Gegenüber liegt die Glonntaler Backkultur, ein Café mit Bäckerei, da sind wir sowohl zur Kuchenstärkung als auch

Links: Historisches Straßenschild und Wegweiser an der Schlosswirtschaft

Rechts: Maxlrain war ursprüngliche eine Burg, errichtet im 9. Jahrhundert unter dem Namen Mahsminreini, der heutige Bau stammt von 1585.

für die Weiterfahrt richtig. Vor der Bäckerei wenden wir uns nach rechts und verlassen kurz darauf das Piusheim geradeaus in die Straße nach Jakobsbaiern. Jetzt müssen wir wieder kräftig treten, denn es geht vorbei an den Höfen von Lindach und Schnurr steil bergauf. Im Wald heißt es links halten, weiter bergauf, bis wir Jakobsbaiern mit seiner Kirchenruine erreichen. Der einsame Kirchturm ist von der alten Friedhofsmauer umgeben und liegt in einer herrlichen Panoramalage über dem Glonntal mit freier Sicht auf den Wendelstein und die umliegenden Berge.

Auf nach Maxlrain Weiter auf der kleinen Straße erreichen wir als nächstes Antholing. Dort queren wir die Dorfstraße und passieren einen der aussichtsreichsten Fußballplätze Oberbayerns. Hier folgen wir rechts der Radwegbeschilderung nach Kleinesterndorf, bleiben im Weiler geradeaus und sausen dann rechts bergab an den Höfen von Feuerreit vorbei. Dahinter müssen wir aufpassen, das Radwegschild weist nach links, wir jedoch bleiben geradeaus und queren kurz darauf die bereits sichtbare größere Straße in Richtung Beyharting. Für ein kurzes

Maxlrain

Schlösser gibt es in Bayern viele, doch wenige strahlen so viel bayerische Mentalität aus wie das Schloss Maxlrain. Vier wuchtige Zwiebeltürme begrenzen den Hauptbau, der über einen klar gegliederten Garten mit Springbrunnen im Zentrum wacht. Das Schloss ist heute privater Wohnsitz der Familie Erich Prinz von Lobkowicz und kann deshalb nicht besichtigt werden, aber durch das Schmiedeeisenportal kann man bequem Garten und Schloss bewundern. Zwei Gaststätten stehen uns zur Auswahl: die Schlosswirtschaft direkt in der Nähe des Schlosses mit ihrer gehobenen Küche und, ein paar Hundert Meter weiter Richtung Weihenlinden, der Bierausschank der Schlossbrauerei Maxlrain, der Biergarten-Feeling vom Feinsten bietet.

Stück teilen wir uns den Weg mit Autos, zum Glück geht es leicht bergab, da können wir Vollgas geben. Nach einem Waldstück sehen wir vor uns schon den Beyhartinger Kirchturm, aber soweit müssen wir nicht. Wir biegen rechts ein (Schild »Bichl«) und radeln kurz darauf geradeaus über die Glonn. Wieder geht es, nun zum letzten Mal, steil bergauf. Hinter dem Bauernhaus von Bichl haben wir es dann aber geschafft. Wir biegen links auf den Radweg ein und radeln fast eben durch einen herrlichen Wald. Dort teilt sich der Radweg, wir halten uns links und folgen der Beschilderung nach Maxlrain. Ein idyllischer Streckenabschnitt liegt nun vor uns, der Mischwald zeigt sich in all seinen Facetten und Formen. Immer dem Hauptweg und der Radwegbeschilderung folgend, verlassen wir den Wald erst wieder an einem großen Bauernhof, der bereits in Sichtweite der Brauerei liegt. Eine Allee führt uns mit einer Rechtskurve zu einer Wegeverzweigung. Hier geht es rechts weiter. Zuvor können wir nach links das Schloss Maxlrain zumindest von außen besichtigen sowie der Schlosswirtschaft oder dem Bräustüberl einen Besuch abstatten.

Nach Weihenlinden Danach halten wir uns an die Beschilderung nach Weihenlinden. Weiter leicht bergab queren wir nach einem Waldstück den Moosbach und haben die Mangfallebene erreicht. Bald halten wir uns links und steuern direkt auf die Wallfahrtskirche von Weihenlinden mit ihren zwei Zwiebeltürmen zu. Nach der Kirche bleiben wir geradeaus und folgen der Beschilderung zum Mangfall-Radweg. Dafür unterqueren wir die größere Staatstraße und erreichen Heufeld. Wer jetzt schon genug von der Radtour hat, kann am Bahnhof Hinrichssegen die Heimfahrt antreten. Alle anderen folgen der Mangfall-Radweg-Beschilderung, die uns im Zickzack über den Triftbach in den Brückenweg lotst. Erst wenn wir den großen Mangfallsteg erreichen, sind wir richtig.

Weihenlinden

Die Wallfahrtskirche Weihenlinden überragt mit ihren Doppeltürmen vor dem Wendelstein im Hintergrund die Wohnhäuser. Die Wallfahrt entstand in der Zeit des Dreißigjährigen Kriegs, als man die kleine Rundkapelle baute, in der eine Quelle gefasst war, der man große Heilkraft zuschrieb. Sie wurde das Ziel zahlreicher Pilger, sodass man kurz darauf die heutige Wallfahrtsbasilika erbaute. Sie wurde der Muttergottes und der Heiligsten Dreifaltigkeit geweiht. Im Inneren steht hinter dem Hochaltar verborgen eine achteckige Kapelle, das zentrale Heiligtum. Sie birgt eine Muttergottes und, ganz oben, drei überlebensgroße Figuren, die den Reichsapfel und eine Tiara tragen. Sie sollen die Dreifaltigkeit symbolisieren, eine Darstellung, die bereits geraume Zeit von Rom verboten wurde.

Links: Am Triftkanal

Rechts: Ein Mühlrad dreht sich am Mangfallkanal.

Entlang der Mangfall Ohne die Uferseiten zu wechseln, gibt jetzt die Mangfall den Rückweg vor. Völlig eben radeln wir entlang des Flusses und genießen die herrliche Landschaft. Die Mangfall wurde renaturiert und darf nun wieder über viele Steine und einige Kaskaden plätschern. So sind viele Rastplätze entstanden, einer einladender als der nächste. Immer geradeaus endet der Radweg erst bei Bruckmühl in der Bahnhofstraße. Geradeaus könnten wir noch zu Fuß dem Naturlehrpfad Salus Auenwald einen Besuch abstatten. Für die Weiterfahrt halten wir uns rechts, biegen aber vor den Gleisen links in die Otto-von-Steinbeis-Straße ein. Anfangs begleitet uns ein kleiner Kanal, kurz vor dem nächsten Gewerbegebiet halten wir uns wieder links (Schild »Feldkirchen-Westerham«). Die Bahngleise begleiten uns, bald kommen wir an den Triftbach, passieren ein Wasserkraftwerk und erreichen die Mangfall wieder am Stauwerk Vagen mit seiner auffälligen Metallbrücke. Wir bleiben jedoch unserem Ufer treu und erreichen schließlich vorbei am Wertstoffhof die größere Vagener Straße. Hier biegen wir rechts ein, bis wir an die Überführung der Bahn beim Bahnhof Feldolling gelangen. Dort halten wir uns links, dann gleich rechts unter der Bahn hindurch, und wieder links aufwärts zur Nordseite des Bahnhofs. Jetzt radeln wir immer an den Gleisen entlang, bis wir über die Felder bei Westerham den Bahnübergang erreichen. Gegenüber führt uns dann die Bahnhofstraße zurück zur Bahnstation Westerham, unserem Ausgangspunkt.

23 Von Grafing nach Tuntenhausen

Durchs Brucker Moos und entlang der Attel

mittel | 44 km | 300 Hm | 3.30 Std.

Tourencharakter
Einfache, aber längere und leicht hügelige Radrunde auf Rad- und Feldwegen, kleinen Neben- und Dorfstraßen. Es ist von allem etwas dabei.

Ausgangs-/Endpunkt
Grafing Bahnhof

GPS
48.043023, 11.939616

E-Ladestation
Grafing Bahnhof Stadt an den Fahrradständern

Anfahrt
Bahn: Mit der Bahn oder S-Bahn nach Grafing bei München. Achtung, die Stadt besitzt zwei Bahnhöfe, Grafing Bahnhof und Grafing Stadt. Grafing Bahnhof aussteigen!
Pkw: Nach Grafing bei München, der Bahnhof liegt im Westen der Stadt, dort viele gebührenpflichtige Park-and-Ride-Parkplätze.

Information
www.tourismus-verein-grafing.de/

Unaufgeregt kann man das Land südlich von Glonn und Grafing beschreiben. Aber gerade, weil es sich nicht aufdrängt und die landwirtschaftlich geprägten Dörfer echt und authentisch wirken, ist diese Runde wunderschön. Hügel gibt es sowieso, dazu kommt das Brucker Moos, die Wallfahrtskirche Tuntenhausen und die stille Attel.

Bergblick und Brucker Moos Wir starten bei den Park-and-Ride-Parkplätzen auf der Westseite des Grafinger Bahnhofs. Die Zufahrtsstraße bringt uns zur größeren Grafinger Straße, der wir nach rechts, aber ohne eigenen Radweg, nach Taglaching folgen. Dort sticht uns gleich die wunderschöne kleine St. Georgskirche mit ihrem Zahnfries ins Auge. Der Weiler existiert schon seit 788 und dementsprechend alt ist das Gotteshaus. Spätromanisch, um 1250, sind die Wände aus Tuffsteinen gemauert, ein heimischer Stein, gewonnen in Pullenhofen. Dieser Stein wird uns

Das Gut der Herrmannsdorfer Werkstätten

auf der weiteren Fahrt noch an einigen Bauernhöfen begegnen. An der Kreuzung in Taglaching biegen wir links ein und bergab und bergauf geht es nach Pienzenau. Hinter dem Ort queren wir eine größere Fahrstraße und erreichen Alxing. Die Radwegschilder führen uns durch den Ort, wir verlieren an Höhe, aber nicht zu schwungvoll, denn wir müssen kurz darauf rechts in die Talstraße einbiegen. Weiter bergab halten wir uns vor der Kurve links (Schild »Hermannsdorf«) und schon geht es, an der Gabelung rechts haltend, über die Felder. Der Untergrund ist etwas ruppig und teilweise ausgewaschen, deshalb sollten wir aufmerksam fahren. Wir radeln nun stets geradeaus durch das Brucker Moor, queren bald den Moosach-Hangkanal und freuen uns dann über unseren Akku, denn zum Weiler Eitling mit seiner Pferderanch geht es bald steil bergauf.

Glücksschwein In Eitling folgen wir der Teerstraße bis zur Fahrstraße. Hier kurz nach links und an der nächsten Kreuzung gleich wieder links, geht es für uns nun zu den Herrmannsdorfer Werkstätten. Es lohnt sich, das Fahrrad abzustellen und sich in dem großen Gelände zu Fuß umzusehen. Hinter den Holzgattern flitzen fröhlich jede Menge Schweine umher. Ihre Haltung ist artgerecht und bio, auch wenn es Nutztiere sind. Aber in Herrmannsdorf dreht sich alles um gesunde Lebensmittel, und

das vom Acker bis zum Teller. So müssen die Tiere nicht weit transportiert werden, denn alles ist vor Ort: Metzger, Bäcker, Wirtshaus, Biergarten, aber auch Rösterei und Hofladen sowie das angeschlossene Café.

Sempt-Mangfall-Radweg Wir durchqueren das Gelände der Herrmannsdorfer Werkstätten und folgen der kleinen Straße noch ein Stück. Dann biegen wir links nach Gailling ein und jetzt weist uns die Beschilderung des Sempt-Mangfall-Radwegs den Weg. Es geht abwärts nach Großrohrsdorf mit seiner hübschen Kapelle (rechts halten) und den Tuffsteinbauernhöfen. Kurz darauf queren wir eine Autostraße und erreichen Berganger mit der Filialkirche Mariä Geburt und seiner Wirtschaft unter den riesigen Linden. Geradeaus durch den Ort geht es weiter abwärts, wir radeln über die Felder zu einer Straßenverzweigung. Hier biegen wir rechts ein und folgen zunächst noch dem Sempt-Mangfall-Radweg, auch wenn Tuntenhausen geradeaus angeschrieben ist. Jetzt geht es mit herrlicher Bergsicht nach Süden. Wir durchradeln

Grafing

Grafing gehört zu den Kleinstädten, die früher ungefähr eine Tagesreise von der Stadtgrenze München entfernt waren. Sie boten Reisenden sowie Zug- und Reittieren Möglichkeiten zur Übernachtung, hier konnte man essen oder Reparaturen machen lassen. Das brachte Geld in die Kassen der Bürger. Das zeigt sich am deutlichsten darin, dass sich der Ort drei Kirchen leisten konnte: die große Pfarrkirche St. Ägidius, die Leonhardskirche, das Ziel der jährlichen Leonhardifahrt, und die Marktkirche mit ihrem fantastischen Deckenfresko von Dominikus Zimmermann.

im leichten Auf und Ab Söhl und erreichen Biberg. Hier lockt die Biberger Alm zur Einkehr, aber für die Weiterfahrt geht es links an der St. Leonhardskirche vorbei. Kurz darauf weist uns das Radwegschild nach rechts, und immer geradeaus kommen wir auf der Lindenstraße nach Schönau.

Links: In Grafing kreuzen sich viele Landstraßen, trotzdem ist es am kleinen Marktplatz gemütlich.

Mitte: Moosach bei Ostermünchen

Rechts: Alxing, unser erster Stopp nach Grafing

Von Schönau nach Tuntenhausen In Schönau verlassen wir nun den Sempt-Mangfall-Radweg und halten uns immer an die Beschilderung nach Tuntenhausen. Dafür bringt uns die Lindenstraße zur größeren Maillinger Straße, hier geht es kurz rechts und dann der Radwegbeschilderung folgend nach links. Nach einem Waldstück wendet sich die Straße nach rechts, wir passieren einen Hof mit einer Kapelle und erreichen nach einem weiteren Waldstück Sindlhausen. Rechts durch den Ort radelnd, sehen wir über die Felder schon den Doppelturm von Tuntenhausen. Bergab rollen wir durch einen Wald und erreichen den Ortsanfang von Tuntenhausen an einem Kreisverkehr. Kurz nach rechts und dann links in die Graf-Arco-Straße sind wir schnell an der Wallfahrtskirche, für die sich ein weiteres Mal das Absteigen rentiert.

Einkehrtipps

In den Herrmannsdorfer Werkstätten gibt es den Biergarten Schweinsbräu (Do–So bei gutem Wetter) oder das Marktgartencafé (So Ruhetag). Aber auch das griechische Restaurant im Gasthaus Berganger oder die Biberger Alm im gleichnamigen Ort eigenen sich zur Rast. Zum Finale locken in Aßling das Café und die Rösterei Martermühle, oder in Grafing der Wildbräu.

Die Besichtigung der Wallfahrtskirche Tuntenhausen ist einer der kulturellen Höhepunkte entlang der Strecke.

Nach Aßling Danach umrunden wir die Wallfahrtskirche und folgen der Beschilderung nach Ostermünchen mit einem Links-Rechts-Schwenk in die Straße Bahnweg. Er wird zu einem landwirtschaftlichen Weg, der uns über die Felder und dann mit einem weiteren Links-Rechts-Schwenk nach Ostermünchen führt. Wir erreichen den Ort an den Sportstätten. Dahinter biegen wir links ein, radeln unter der Bahn durch und halten uns unmittelbar danach links. Kaffee und Kuchen bremsen uns in der Bäckerei Schiedermeier aus, aber weiter geht es auf der Hauptstraße durch den Ort, vorbei an der Kirche St. Laurentius zur Apotheke an der Kreuzung. Hier biegen wir links ein bis zur Linkskurve der Straße. Das Radwegschild nach rechts (Kronau/Eisenbartling) ignorieren wir. Stattdessen biegen wir gleich in die nächste, die Moosachstraße, rechts ein und radeln am Friedhof vorbei Richtung Moosmühle. Kurz vor der Mühle verzweigt sich der Weg, wir halten uns rechts und stoßen bei einem Moorweiher auf einen herrlichen Rastplatz. Nun sind wir wieder mitten im Grünen. Der Feldweg führt uns über die Moosach, nach der Brücke geht es rechts und bald treffen wir nach einer Linkskurve im Wald auf eine Wegeverzweigung. Hier fahren wir rechts weiter und überqueren auf der schon von Weitem sichtbaren Brücke die Attel. Am anderen Ufer sind wir nun wieder auf dem offiziellen Radweg, wir steuern den Weiler Holzen an. Dafür müssen wir links aufwärts fahren und dann geht es in nördlicher Richtung weiter auf Aßling zu. Kurz vor dem Ort weist uns das Radwegschild nach links. Es

Tuntenhausen

Aus allen Himmelsrichtungen ist die Wallfahrtskirche Mariä Himmelfahrt gut zu erkennen. Ihre Türme scheinen zusammengewachsen zu sein und laufen erst ganz oben zu zwei getrennten Spitzen aus. Das gibt es im gesamten süddeutschen Bereich kein zweites Mal. Tuntenhausen zählt zu den ältesten Marienwallfahrten Bayerns, Ziel der Wallfahrer ist der Hochaltar mit dem Gnadenbild der Muttergottes. Sie wird, den Festen des Kirchenjahrs folgend, immer neu bekleidet. Erfahrene Wallfahrer wissen das und warten bei jedem Besuch auf ihr verändertes Aussehen.

lohnt sich jedoch geradeaus zu bleiben und der Rösterei Martermühle samt dem angeschlossenen Café einen Besuch abzustatten. Ein echter Geheimtipp für hervorragenden Kaffeegenuss. Danach geht es auf dem Radweg in die Ortsmitte zum Kirchturm von Aßling.

Bevor wir Aßling erreichen, radeln wir durch Holzen.

Entlang der Attel Kurz nach der Kirche nehmen wir links den Fischweg (Radwegschild »Grafing«), queren die Attel und biegen unmittelbar dahinter links ab. Diesem Feldweg bleiben wir nun treu. Vom Fluss ist nur anfangs etwas zu sehen, bald wendet sich der Weg im Zickzack etwas weg vom Ufer, in der Höhe von Straußdorf biegen wir links ab und queren dann den Schwarzgraben. Dahinter geht es nach rechts und erst im Weiler Aiterndorf erreichen wir wieder die Attel unweit vom Mühlenhof. Wir queren sie nach links, folgen der Straße und halten uns dann rechts, (Radwegschild »Grafing/Wasserburg«) zur Baumgartenmühle. Nach nur wenigen Metern geht es vor dem ersten Mühlengebäude jedoch links (kein Schild) und schon folgen wir wieder der Attel. Am Klärwerk halten wir uns links und haben dann immer der Straße nach Grafing bereits erreicht. In die große Rosenheimer Straße biegen wir links ein und folgen der Beschilderung zur Stadtmitte. Rund um den lang gezogenen Marktplatz mit seinem Kriegerdenkmal finden wir noch Straßencafés oder den Wildbräu mit seinem Gasthaus.

Letzte Etappe Zurück zum Ausgangspunkt geht es für uns am prächtigen Wildbräu vorbei in die Bahnhofstraße. In der Höhe des Stadtparks kann man rechts zur S-Bahn-Haltestelle Grafing Stadt abbiegen und die Heimreise von dort antreten. Autofahrer bleiben einfach auf der Bahnhofstraße und folgen der Linkskurve entlang des Parks. Immer geradeaus bringt uns die Ebersberger Straße zur Bahnunterführung. Links unter der ersten Bahn und dann rechts unter der zweiten durch erreichen wir erneut nach rechts wieder den Park-and-Ride-Parkplatz am Bahnhof Grafing.

24 Von Haag nach Schwindegg

Zwischen Isen und Inn

mittel | 35 km | 450 Hm | 3.45 Std.

Tourencharakter
Eine nicht besonders lange, aber aufgrund der vielen Moränenhügel doch mittelschwere Rundtour, die meist über geteerte, aber nicht stark befahrene Straßen führt.

Ausgangs-/Endpunkt
Haag Marktplatz

GPS
48.161070, 12.182594

E-Ladestation
Haag: Stromtankstelle, Rute 1, unweit der Hauptstraße

Anfahrt
Bahn: Mit der Bahn von München nach Simbach, Haltestelle Schwindegg. Dann beginnt dort die Tour.
Pkw: Auf der A 94 bis zur Ausfahrt Hohenlinden und auf der B 12 nach Haag. Viele Parkplätze in Haag. Wenn sie belegt sind, nutzen wir die Parkplätze bei den Sportanlagen an den Schulen westlich des Burgturms.

Information
www.markt-haag.de

Wir radeln durch grünes Bauernland, wie es schöner kaum sein kann. Äcker, Wiesen und Wälder wechseln sich ab, immer wieder folgen wir einem Bach, der sich durch die Wiesen schlängeln darf, wie zu uralten Zeiten. Darüber hinaus freuen wir uns über weite Aussichten bis zu den Alpen.

Über Kirchdorf zur Aussicht Wir beginnen unsere Radtour am Markplatz von Haag und fahren den kleinen Berg abwärts zur Hauptstraße, auf die wir rechts einbiegen. Wir passieren die Abzweigung nach Wasserburg und biegen gleich darauf links in die Kirchdorfer Straße ein. Nach etwa 350 Metern gabelt sich die Straße, wir halten uns links, radeln bald unter der B 12 durch und biegen dahinter sofort rechts ein. Ein Stück geht es der lärmenden B 12 entlang, dann biegt der Weg nach links ab. Wir treffen auf die große Kreisstraße, sind jedoch sicher auf einem abge-

Pfarrkirche Mariä Himmelfahrt in Kirchdorf bei Haag

Von der großen Haager Burg hat sich fast nur der Schlossturm mit seinen vier Erkern erhalten.

trennten Radweg. In Kirchdorf biegen wir bei der ersten Gelegenheit links in die Dorfstraße ein. Sie bringt uns direkt an die Pfarrkirche Mariä Himmelfahrt. Ein Besuch in dem Gotteshaus mit prunkender Barockausstattung lohnt sich, die Krypta mit den Särgen der Haager Grafen liefert dazu den schaurigen Gegensatz. Von der Kirche aus geht es den Berg wieder abwärts zur Kreisstraße. Wir queren sie und sind nun froh um unser E-Bike, denn es geht steil aufwärts zum Weiler Asen. Hier öffnet sich der Blick auf Kirchdorf und Haag sowie auf die Alpenkette bis weit hinein ins Salzkammergut.

Nach Norden In Asen halten wir uns rechts und folgen der Teerstraße, bis wir hinter Reichwimmer auf eine breitere Straße treffen. In sie biegen wir links ein, passieren den Weiler Guggenstätt mit seiner Kapelle und erreichen schließlich in einem weiten Bogen stets leicht abwärts das Tal des Oberornauer Bachs. Wir folgen der Straße ein gutes Stück durch herrliches Bauernland zur nächsten Kreisstraße, die wir etwas rechts versetzt in die Poststraße im Ort Oberornau überqueren. Am Ornauer Bach entlang, bringt sie uns zur barocken Pfarrkirche St. Andreas und zum Dorfladen. Hier wird, soweit man rechtzeitig dran ist, ein einfaches, aber schmackhaftes Mittagessen angeboten. Das wäre eine Überlegung wert, denn später ist das kulinarische Angebot etwas spärlich.

Die heutige Runde führt durch eine landwirtschaftlich geprägte Landschaft.

Nach Schwindegg Wir fahren auf der Hauptstraße weiter, verlassen Oberornau und passieren die Orte Steinkirchen, Frauenornau und, unter der neuen Autobahn hindurch, zunächst Pfaffenkrichen und dann Obertaufkirchen. Links auf der Haager Straße erreichen wir Schwindegg mit seinem behäbigen Wasserschloss, das von der Goldach umflossen wird. Es wurde nach 1594 im Stil der Renaissance erbaut. Die Wassergräben und die vier Wehrtürme hatten bereits damals keinerlei militärischen Hintergrund mehr. Heute ist die Anlage aufwendig renoviert und zu Eigentumswohnungen umgebaut. Einen Blick auf das Schloss erhascht man neben dem Rathaus oder von der Wiese hinter der Pfarrkirche.

Mit Blick auf die Berge Jetzt drehen wir um und unsere Fahrt geht auf der Rimbachstraße östlich vom Schloss weiter durch das Rimbachtal in südlicher Richtung. Wir fahren wieder unter der Autobahn hindurch und radeln an

Haag in Oberbayern

Die Herren von Haag waren über 100 Jahre reichsfrei, das heißt, über ihnen stand außer dem Kaiser niemand. So konnte 1558 Graf Ladislaus – sehr zum Ärger der Wittelsbacher – die Religionsfreiheit einführen. Das bedeutete, dass ein Großteil der Bevölkerung den evangelischen Glauben annahm. Doch schon acht Jahre später, als der Graf kinderlos starb, fiel seine Herrschaft an den Kaiser zurück und der vergab sie an die Wittelsbacher. Wie mächtig die Haager Herrschaft war, sieht man an dem gewaltigen Bergfried mitten in der kleinen Stadt Haag. Die Größe der einstigen Burganlage kann man heute nur mehr erahnen, denn nach 1800 wurden beachtliche Teile der Burg abgebrochen.

Schloss Schwindegg verschwindet fast hinter seiner Hecke.

einigen Weilern vorbei. Schließlich stoßen wir auf eine Querstraße. Links geht es durch den Weiler Mais und wir erreichen die Häuser von Stift. Hier biegen wir rechts ein, fahren zuerst durch den Wald und dann über Wiesen und Felder zur großen Straße, die von der B 15 nach Oberornau führt. Wir folgen ihr nach links, fahren an der Abzweigung nach Kirchdorf vorbei und nehmen die nächste Abzweigung links, die mit Berg beschildert ist. Wieder in südlicher Richtung geht es nach Berg, dort kurz nach links und dann der Hauptstraße folgend, weiter über Stürzlham zu der Unterführung unter die B 12, die wir von unserer Hinfahrt schon kennen. Auf dem bekannten Weg fahren wir zu unserem Ausgangspunkt zurück.

Einkehrtipps

Unterwegs gibt es leider nicht viele Möglichkeiten. Sehr gut ist der Dorfladen in Oberornau, an dem unter der Woche zur Mittagszeit gekocht wird. In Haag empfiehlt sich das hauseigene Bräustüberl Unertl der Weißbierbrauerei Unertl, unterm Burgturm gelegen mit herrlichem Biergarten.

25 Von Rosenheim nach Wasserburg

Rundtour über den Inn

mittel | 66 km | 450 Hm | 5 Std.

Tourencharakter
Gut ausgeschilderte Strecke meist auf Nebenstraßen und Radwegen. Auf der Hinfahrt sind die meisten Höhenmeter zu bewältigen. Bei der Rückfahrt ab Attel ist es fast immer flach, wenn man vom flussaufwärts radeln absieht. Die Rückfahrt kann man mit der Bahn verkürzen. Mückenmittel im Sommer nicht vergessen

Ausgangs-/Endpunkt
Rosenheim, Bahnhof

GPS
47.85046, 12.11957

E-Ladestation
Wasserburg: Am Parkplatz Am Gries und am Bahnhof Reitmehring können Radler kostenlosen Ökostrom der Stadtwerke Wasserburg zapfen.

Anfahrt
Bahn: Mit der Bahn nach Rosenheim
Pkw: Auf der A8 bis zur Ausfahrt Rosenheim, Beschilderung zum Bahnhof folgen, Parken gegen Gebühr direkt am Bahnhof

Information
www.wasserburg.de

Das Ziel der heutigen Tour ist die Stadt Wasserburg in einer Flussschleife des Inns. Mit ihren verwinkelten Laubgängen, den netten Geschäften und den zahlreichen Straßencafés zaubert sie ein südliches Flair in ihren mittelalterlichen Stadtkern. Danach geht es am Westufer zurück nach Rosenheim.

Durch Rosenheim Vom Bahnhofsparkplatz in Rosenheim starten wir und radeln auf der Luitpoldstraße Richtung Südosten. Diese wird zur Gießereistraße, die in die große Kufsteinerstraße mündet. Für wenige Meter radeln wir links und dann halten wir uns rechts in die Brianconstraße. An deren Ende sind es nur wenige Meter nach rechts auf der Rathausstraße und wir erreichen das Flussufer der Mangfall. Hier beginnt links der Mangfall-Rad-

weg, auf dem wir bis zur nächsten Brücke radeln. Das ist nun schon die Innstraße, auf der wir nur noch nach rechts bis zum Inn durch Stadtverkehr müssen.

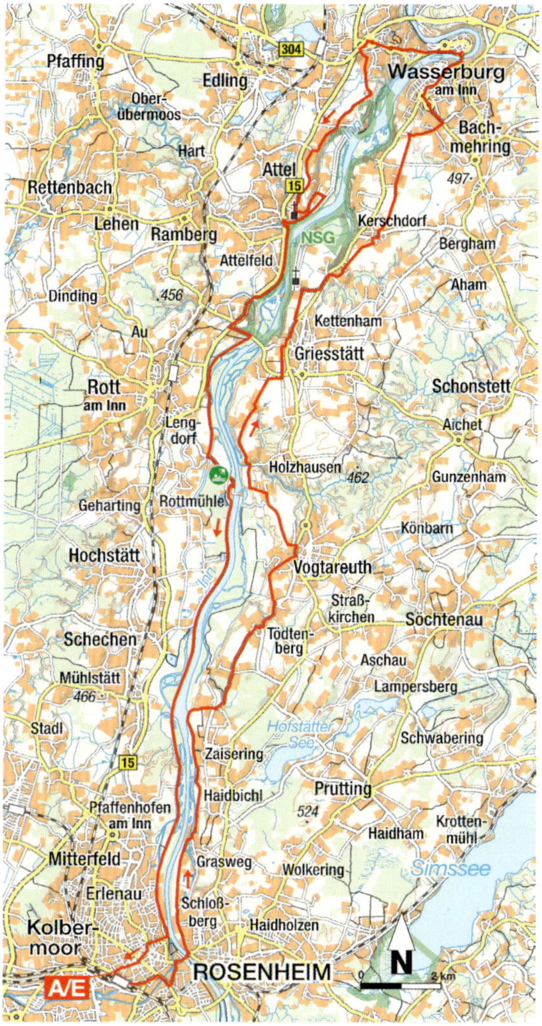

Auf dem Innradweg

Wir überqueren den Fluss, auf der östlichen Uferseite beginnt links der Innradweg, dessen Beschilderung uns sicher nach Wasserburg führt. Zunächst geht es ziemlich eben auf der Dammkrone dahin. Rechts von uns liegt etwas tiefer die Rosenheimer Hofau mit ihren Streuobstwiesen, die früher regelmäßig vom Hochwasser überschwemmt war. Noch immer gemütlich passieren wir einige Altwasserarme, die leider im Sommer zu wahren Mückenbrutstätten mutieren. Nach insgesamt ca. 10,5 Kilometern halten wir uns rechts und lernen nun das Innsteilufer kennen. Zackig geht es die gepflasterte Auffahrt hinauf. Zum Glück leistet der E-Motor für die 16-Prozent-Steigung eine gute Unterstützung. Oben erwartet uns eine weite Aussicht. Vor allem nach Süden über den Kirchturm von Zaisering bis zu den Alpen ist das Panorama gewaltig.

Über das Hochufer

Wir passieren den ersten Hof »Entfelden« und an der Kreuzung von Zaißberg folgen wir immer weiter dem Innradweg. So kommen wir durch den Wald über Buch, Sulmaring, Weikering und Eglham bis kurz vor Vogtareuth. Das gehörte bis zur Säkularisation zum Kloster St. Emmeram in Regensburg und unterstand deswegen nicht den Wittelsbachern, sondern direkt dem Kaiser. Daran erinnert noch heute das Probsteihaus im Zentrum des Orts, in dem der Probst, der Verwalter, seinen Wohn- und Amtssitz hatte. Wer es besichtigen möchte, radelt in die Dorfmitte, ansonsten biegen wir kurz vor dem Ort links ab und umrunden den Sportplatz.

Linke Seite: Der Riedergarten entstand 1729 als Kräutergarten des Rosenheimer Stadtapothekers Johann Rieder und konnte sich bis heute als kleine grüne Oase in der Stadtmitte halten.

Mehr Auf als Ab

Der nächste Weiler ist Sunkenroth mit seinen mächtigen unverputzten Bauernhäusern. Nun sind wir wieder in

Flussnähe und bald schon geht es zur Untermühle bergab, die direkt am herrlich romantischen Murnbach liegt. Unmittelbar nach der starken Kurve kommt geht es aber schon wieder steil bergauf, das Innufer möchte erobert werden. Über Wabach, Berg und eine großzügige Rechts-Links-Umfahrung der Felder erreichen wir den Ortsrand von Griesstätt. Der Innradweg wird an der Ortsmitte vorbeigeführt. So radeln wir nach Altenhohenau mit dem Kloster der Dominikanerinnen. Die äußerlich unscheinbare Kirche lohnt jedoch einen Besuch. Die Altäre stammen von keinem geringeren als Ignaz Günther, sie gehören zu den bedeutendsten Rokokoschnitzwerken. Hier ist wirklich Weltkunst zu bestaunen. In Altenhohenau geht es rechts leicht bergauf und dann folgen wir für etwa 450 Meter einem Radweg parallel zur Autostraße. Diese überqueren wir und radeln, mal wieder bergauf, nach Laiming. Über Felder sind wir bald in Kerschdorf, wo uns das Gasthaus Schmid zu einer Zwischenrast verführt. Nun geht es schnurgeradeaus wieder über Felder an Spielberg vorbei nach Höhfelden, wo mal wieder das Sprichwort »Nomen est Omen« zutrifft. Aber versprochen, hier ist nun der letzte Anstieg vor Wasserburg geschafft.

Wasserburg Bei Höhfelden biegen wir nach rechts ab und erreichen am Gewerbegebiet den Ortsrand von Wasserburg. In die große Priener Straße biegen wir links ein und passieren die Pri-

Wasserburg

1237 baute sich der mächtige Hallgraf Engelbert einen neuen Stammsitz genau an dieser Engstelle. Den Ort Wasserburg brauchte er nicht neu zu gründen, den gab es hier schon seit dem 11. Jahrhundert. Diese Burg, allerdings immer wieder umgebaut und verändert, steht heute noch. Es ist der markante Bau mit Stufengiebel, der links von der Innbrücke die Altstadt abschließt. Das große Prunkstück der Stadt ist das gotische Rathaus mit seinen reich verzierten Rathaussälen. Es steht am Marienplatz, um den sich oft mit Stuck verzierte Häuser gruppieren. Dabei sticht besonders das hübsche Kernhaus ins Auge. In der Herrengasse finden wir das Städtische Museum, das einen Überblick über Wasserburgs Geschichte bietet und durch seine reiche Sammlung von »Alltäglichkeiten« interessante Einblicke in das Leben zu früheren Zeiten erlaubt. In der wuchtigen Pfarrkirche St. Jakob steht die berühmte Kanzel der Gebrüder Zürn. Noch während des Dreißigjährigen Kriegs geschaffen, zählt sie zum Feinsten, was in der späten Renaissance in Altbayern entstanden ist. Bei einem Altstadtbummel kann man noch viel mehr in der Stadt entdecken oder das bezaubernde Flair in einem der Straßencafés genießen.

Links: Wasserburg liegt an einer großen Innschleife.

Rechts: Bei den bunten Häusern wie in Wasserburg mit ihren Laubengängen und Scheinfassaden spricht man von einer Inn-Salzach-Bauweise.

vatmolkerei Baur. Am Kreisverkehr wenden wir uns in die erste Straße rechts und rollen nun auf der Rosenheimer Straße hinunter zum Inn. Für den Besuch der Altstadt sowie für die Weiterfahrt queren wir auf der »Ponte Rossa«, der großen roten Brücke, den Inn. Nach dem schmalen Brucktor haben wir das erste große Ziel dieser Radtour erreicht.

Bahnfahrt oder Weiterradeln? Nach der Stadtbesichtigung und einer wohlverdienten Pause gilt es nun zu entscheiden: Haben wir genügend Zeit und Lust und treten die Heimreise auf dem Drahtesel an oder sparen wir uns die 32 Kilometer Rückfahrt und erleichtern uns die Retourstrecke mit Hilfe der Deutschen Bahn? Wie auch immer, der einst mitten in der Altstadt gelegene Bahnhof existiert nicht mehr. Es gibt nur noch die Station im Ortsteil Reitmehring westlich der Altstadt. Dafür müssen wir mal wieder hoch auf das Innufer. Egal, ob Bahnfahrer oder Radler, dort hinauf müssen wir alle. Dafür verlassen wir die Altstadt in westlicher Richtung und radeln an der Burg vorbei. An der nächsten großen Straßengabelung biegen wir für ein Stück auf die Autostraße links ein, folgen dann aber der Radwegbeschilderung nach rechts in die kleinere Königsbergstraße bergauf. Wir kommen an einen Kreisverkehr, jetzt geht es rechts weiter, wobei der Radweg auf der anderen Straßenseite verläuft. Wir passieren die Wasserburger Klinik und erst da trennen sich die Wege. Bahnfahrer folgen geradeaus der Beschilderung nach Reitmehring, wo wir den Bahnhof über die Bahnhofstraße erreichen. Die Radler wenden sich vor der großen B 304-Autoauffahrt nach links, nach ca. 350 Metern nochmals nach links. Auf diese

Weise haben wir die Klinik umrundet und folgen dann dem Radwegschild, das uns bald über einen Feldweg schickt.

Westroute Wir passieren den Hof Gern und bleiben auf dem hochgelegenen Innufer in südlicher Richtung. Es folgen die Weiler Reisach, Kornberg und Limburg. Dann nähern wir uns dem Klosterort Attel, der hoch über dem Zusammenfluss von Attel und Inn thront. Zur Besichtigung steuern wir einfach den Klosterturm an. Für die Weiterfahrt biegen wir jedoch vor der Klosterkirche nach links (Inntalradweg-Schild) ein und rollen steil abwärts, zunächst ein Stück Richtung Norden zurück. So erreichen wir das Innufer in Attlerau. Wenn wir dann an den Gemüsefeldern auf den Dammweg stoßen, folgen wir ihm nach rechts und radeln gleich darauf am Zusammenfluss der Attel und des Inns vorbei. Auf einer Brücke überqueren wir die Attel, bleiben auf der gleichen Straßenseite und wenden uns gleich nach der Brücke links in den Feldweg, der wieder in Innufernähe Richtung Süden führt.

Ruhige Innwege Wir passieren Altwasserarme und radeln stets parallel zur großen B 15. An einem einsamen Hof queren wir die Bundesstraße und biegen dann nach links ein, Richtung Griesstätt. Kurz vor der Innbrücke geht es wieder nach rechts auf einen ungeteerten Uferweg, der uns weiter entlang des Westufers auf dem Innradweg nach Süden führt.

Abstecher nach Rott? Bald überqueren wir nach links den Rabenbach, kurz danach bietet sich ein Abstecher in den nahen Ort Rott mit seiner Klosterkirche an. Statt geradeaus dem Innradweg zu folgen, halten wir uns dafür rechts und überqueren in Lengdorf die B 15. Dann folgen wir der Radwegbeschilderung »5« im Mitterweg bis ins Klosterdorf Rott am Inn, das jedoch, wie könnte es anders sein, auch nur mit einer Bergauffahrt zu erreichen ist. Wer sich den Abstecher nach Rott erspart, folgt dem kleinen Fluss Rott und erreicht schließlich eine geteerte Autostraße, die uns links über die Brücke zum Rotter Badesee bringt. Nun können wir in den See springen und uns erfrischen oder zur Innstaustufe Feldkirchen weiterradeln.

Einkehr

Überwiegend in Wasserburg und Rosenheim gibt es zahlreiche Einkehrmöglichkeiten für eine kleine oder ausgedehnte Rast. Unterwegs entlang der Strecken sind diese jedoch etwas rarer.

Am Max-Josefs-Platz in Rosenheim

Innauen Das Innkraftwerk ist eine der imposanten Staustufen, die in den 1960er-Jahren des letzten Jahrhunderts zur Stromgewinnung und als Hochwasserschutz den ganzen Inn entlang gebaut wurden. Flussabwärts zur nächsten Staustufe bei Wasserburg sind die Uferzonen, die Wasser- und Verlandungsflächen sowie die Auwaldbestände und Steilufer als Naturschutzgebiet und Vogelfreistätte ausgewiesen worden. Die Schilfflächen dienen als Brut- und als Rastplatz für durchziehende Zugvögel und überwinternde Wasservögel. Auch der Biber hat sich hier seit einigen Jahren wieder angesiedelt. Seltene Fluginsekten wie Libellen, Schmetterlinge oder Nachtfalter sowie Amphibien, wie verschiedene Eidechsenarten oder Lurche, haben hier ebenfalls eine Heimat gefunden. Wir umkurven das Kraftwerk und fahren dahinter auf die Uferkrone des Inndamms. Nun fließt das Innwasser direkt neben unserem Radweg. Der neun Kilometer lange Abschnitt würde fast eintönig wirken, wären da nicht immer wieder die Altwasserbecken, die je nach Wasserstand den Inn zu einem riesigen Sumpfgebiet ausweiten lassen.

Finale in Rosenheim Schließlich erreichen wir Rosenheim, bei Langenpfunzen. Dort verlassen wir das Ufer und wenden uns an der Mangfallmündung rechts in die Ellmaierstraße. Von dort geht es links in die Kaiserstraße, wo wir am Mittertor in der Rosenheimer Altstadt sind. Durch die Fußgängerzone schieben wir über den Max-Josephs-Platz. So haben wir aber auch mehr Muße, die schöne Innarchitektur zu bewundern. Die Prinzregentenstraße überquerend, geht es weiter durch die Fußgängerzone und über die Münchener Straße zurück zum Bahnhof.

Zugabe

Mein Vater, *der mit mir diese Bücher schreibt, war einer der Ersten. Zusammen mit meiner Mama hatte er sich schon vor einigen Jahren ein E-Bike gekauft. Beide darf man definitiv zu den Senioren zählen, aber sie sind immer noch leidenschaftliche Fahrradfahrer. Es zeigt, dass E-Bike-Fahren, sofern man vorsichtig fährt, auch im hohen Alter für Spaß an der Bewegung sorgt.*

Aber auch ich *höre oft den Kommentar: »Was, du hast schon ein E-Bike? Das kaufe ich mir erst, wenn ich älter bin.« Tja, vielleicht bin ich jetzt schon älter oder zumindest etwas bequemer, aber mit dem Fahrrad samt Antrieb hat sich auch mein Radius wieder gewaltig erweitert. Steile Anstiege und Hügel und noch nicht einmal die Berge halten uns nun von einer Tour ab. Abends sind wir nicht mehr völlig erschöpft und könnten jederzeit am nächsten Tag wieder auf das Fahrrad steigen.*

Dieser Vorteil *hat sich doch herumgesprochen und mittlerweile fahren fast alle meine Begleiter mit größter Freude ebenfalls ein E-Bike. Gemeinsam macht es eben noch mehr Spaß!*

Deshalb gilt mein Dank *allen, die immer spontan bereit sind, mit mir mit loszuziehen, um neue Gegenden zu erkunden oder für ein Foto auch zweimal vor der Kamera hin- und herzufahren!*

So hoffen wir, *dass Sie genauso viel Spaß beim Nachradeln der Touren haben, wie wir für die Recherche. Wir wünschen Ihnen allzeit gute Fahrt, keinen Regenschauer und vor allem: niemals einen leeren Akku auf der Strecke.*

Herzlichst Ihre

Lisa Bahnmüller

Von der Kirche in Jakobsbaiern
ist nur noch der Turm übrig.

Im Herzen der Altstadt
von Grafing bei München

Register

Ebenfalls erhältlich …

ISBN 978-3-86246-809-6

ISBN 978-3-86246-744-0

ISBN 978-3-86246-537-8

ISBN 978-3-86246-623-8

J. BERG

www.j-berg-verlag.de

Impressum

Verantwortlich: Sabine Klingan
Lektorat, Redaktion und Satz: mcp concept GmbH
Korrektorat: Ralf J. Klumb | The Wordworms, Berlin
Repro: LUDWIG:media
Kartografie: Bruckmann Verlag GmbH, Heidi Schmalfuß
Herstellung: Bettina Schippel
Printed in Türkiye by Elma Basim

★★★★★

Sind Sie mit diesem Titel zufrieden? Dann würden wir uns über Ihre Weiterempfehlung freuen. Erzählen Sie es im Freundeskreis, berichten Sie Ihrem Buchhändler, oder bewerten Sie bei Onlinekauf. Und wenn Sie Kritik, Korrekturen, Aktualisierungen haben, freuen wir uns über Ihre Nachricht an J. Berg Verlag, Postfach 40 02 09, D-80702 München oder per E-Mail an lektorat@verlagshaus.de.

Unser komplettes Programm finden Sie unter www.j-berg-verlag.de

Alle Angaben dieses Werkes wurden von den Autoren sorgfältig recherchiert und auf den neuesten Stand gebracht sowie vom Verlag geprüft. Für die Richtigkeit der Angaben kann jedoch keine Haftung übernommen werden, weshalb die Nutzung auf eigene Gefahr erfolgt. Insbesondere bei GPS-Daten können Abweichungen nicht ausgeschlossen werden. Sollte dieses Werk Links auf Webseiten Dritter enthalten, so machen wir uns die Inhalte nicht zu eigen und übernehmen für die Inhalte keine Haftung.

In diesem Buch wird aus Gründen der besseren Lesbarkeit das generische Maskulinum verwendet. Weibliche und anderweitige Geschlechteridentitäten sind dabei ausdrücklich mitgemeint, soweit es für die Aussage erforderlich ist.

Empfehlung der Redaktion
Sie sind auf der Suche nach weiterführender Literatur? Dann empfehlen wir Ihnen den Titel »Die Radel-Bucket-List Bayern« von Wilfried und Lisa Bahnmüller. Oder Sie werfen einen Blick in die Zeitschrift »BERGSTEIGER«. Hier werden Sie bestimmt fündig.

Bildnachweis: Alle Aufnahmen im Innenteil sowie auf dem Umschlag stammen von den Autoren.
Umschlagvorderseite: An der Loisach bei Gelting
Umschlagrückseite: Der Waldweiher bei Dietramszell (Tour 11)

Die Deutsche Nationalbibliothek verzeichnet diese Publikation in der Deutschen Nationalbibliografie; detaillierte bibliografische Daten sind im Internet über http://dnb.d-nb.de abrufbar.

Infanteriestraße 11a
80797 München

ISBN 978-3-86246-995-6